我们一起解决问题

税收优惠政策解读与筹划方案设计

陈吉尔◎编著

人民邮电出版社

北京

图书在版编目（CIP）数据

税收优惠政策解读与筹划方案设计 / 陈吉尔编著
. -- 北京：人民邮电出版社，2023.4
ISBN 978-7-115-61438-4

Ⅰ. ①税… Ⅱ. ①陈… Ⅲ. ①税收政策－优惠政策－
研究－中国②税收筹划－研究－中国 Ⅳ. ①F812.422
②F812.423

中国国家版本馆CIP数据核字(2023)第048525号

内 容 提 要

税务风险管理和控制是现代企业财务管理的一项重要内容。为规避税务风险，财务人员必须把握财务会计与税法规定之间的差异，做到正确纳税，同时提升纳税筹划水平。

本书内容紧跟国家新的财税法规、制度，聚焦企业涉税业务，详细讲解了我国目前税制中的主要税种，如增值税、企业所得税、个人所得税、消费税、印花税、房产税等的主要风险点与筹划方法。同时对各项税收优惠政策的适用条件进行完整、合规解读，力求帮助企业规避税务风险。全书将税务基础知识、政策法规、优惠政策、纳税实务与案例分析结合起来进行讲解，具有较强的实用性和可操作性，能够给企业涉税业务处理提供实战指导，帮助企业合理减轻税负。

本书既适合从事财税工作的实务界人士和零财税基础的商务人士阅读，也可以作为财税培训机构与财经院校相关专业课程的指导用书。

◆ 编　著　陈吉尔
　　责任编辑　付微微
　　责任印制　彭志环
◆ 人民邮电出版社出版发行　　北京市丰台区成寿寺路 11 号
　　邮编 100164　　电子邮件 315@ptpress.com.cn
　　网址 https://www.ptpress.com.cn
　　北京市艺辉印刷有限公司印刷
◆ 开本：700×1000　1/16
　　印张：15.5　　　　　　　　2023 年 4 月第 1 版
　　字数：191 千字　　　　　　2023 年 4 月北京第 1 次印刷

定　价：69.80 元

读者服务热线：（010）81055656　印装质量热线：（010）81055316
反盗版热线：（010）81055315
广告经营许可证：京东市监广登字20170147号

　　税收是调节收入分配的重要工具。企业只要经营就会存在纳税问题，依法纳税是每一个公民、每一个企业应尽的义务。企业应在合理、合法的前提下，灵活运用国家制定的各项税收优惠政策进行纳税筹划，达到节税增利的目的，实现企业的经济利益最大化。有些企业面对税收压力，绞尽脑汁偷逃税，这是极不可取的。要知道，国家在大幅减税降费让利于企业的同时，也在不断加强打击偷税、漏税的不法行为。合理合法纳税才是企业长久发展的必选之路。

　　企业要想合理合法进行纳税筹划，首先需要透彻理解国家的各项税收法规，尤其是各项税收优惠政策。税收优惠政策是国家深化经济体制改革、促进经济增长、激发市场活力的重要举措。目前，我国实施了一系列税收优惠政策，包括各类企业均可享受的普惠性税收优惠政策，以及一些扶持性优惠政策，如小规模纳税人阶段性减免增值税政策、小微企业所得税优惠政策、研发费用加计扣除政策、服务业纳税人增值税进项税额加计抵减政策、中小微企业设备器具所得税税前扣除政策等，大大减轻了企业的税负。同时，各地方政府也出台了一些政策，以促进当地的经济发展，称之为地方性税收优惠政策。企业在享受国家普惠性税收优惠政策的基础上，还可以合理合法地享受地方性税收优惠政策，两类政策可叠加享受。

　　最近几年，随着国内外经济形势的变化，企业面临着更大挑战。因此，如何规避税务风险，合理合法地享受税收优惠、通过纳税筹划提升企业效益，显得尤为重要。在深入理解国家各项税收优惠政策的前提下，通过提前规划、合理安排，企业可以更好地享受各种税收优惠，实现节税目的。帮助企业合理合法进行纳税筹划，是本书的写作目的。

本书严格依据新的财税法规，对各项税收优惠政策的适用条件进行完整、合规解读，力求帮助企业规避税务风险；同时根据作者多年的纳税筹划经验，提供各种实用的纳税筹划方案，并附有丰富翔实的案例，让读者一看就懂、一学就会。

由于财税法规、制度更新变化较快，书中难免有错漏之处，恳请读者批评指正。

目　录／Contents

Chapter

第六章
小微企业涉税业务处理

第一章

增值税涉税业务处理

一、如何选择纳税人身份

增值税纳税人分为一般纳税人和小规模纳税人两类，分别采取不同的增值税计税方法。小规模纳税人按征收率 3%、5% 计税，一般纳税人按税率 13%、9%、6% 以及零税率计税。

一般纳税人和小规模纳税人划分的基本标准是纳税人年应税销售额的多少和会计核算水平（符合资格条件）。根据现行规定，增值税小规模纳税人标准为年应征增值税销售额 500 万元及以下，超过这一标准的纳税人则归为一般纳税人。年应征增值税销售额未超过规定标准的纳税人，会计核算健全、能够提供准确税务资料的，可以向主管税务机关办理一般纳税人登记，成为一般纳税人。需要注意的是，达到一般纳税人标准的企业，应当登记为一般纳税人；达到一般纳税人标准，坚持不登记为一般纳税人的，也要按一般纳税人的适用税率计缴增值税，且进项税额不得抵扣。

（一）综合比较

增值税是一种凭票管税的税种，一般纳税人实行凭票扣税，而小规模纳税人即使取得增值税专用发票，也不能抵扣进项税额，只能采用简易计税方法计税。因此，一些纳税人认为小规模纳税人的税负重于一般纳税人，但实际并非完全如此。两种纳税人身份各有利弊。

◇ **从进项税额看**，一般纳税人的进项税额可以抵扣，小规模纳税人不得抵扣进项税额，小规模纳税人的进项税额只能计入成本，这是一般纳税人相较于小规模纳税人的优势。

◇ **从销售看**，由于增值税是价外税，卖方在销售时，除了向买方收取货款外，还要收取增值税，而卖方为一般纳税人时收取的税额要多于卖方为小规模纳税人时收取的税额。虽然卖方收取的销项税额可以通过开出增值税专用发票的方式供买方抵扣，但对于一些不需要增值税专用发票或不能抵扣进项税额的买方来说，其宁愿从小规模纳税人处进货，从而减轻税负。

◇ **从税负上看**，小规模纳税人的税负也并不总是重于一般纳税人。如果一般纳税人准予从销项税额中抵扣的进项税额较少，而销项税额较多，就可能使一般纳税人的税负重于小规模纳税人。

那么，企业如何选择纳税人身份更有利呢？这就要根据具体情况来分析、筹划。

（二）无差别平衡点增值率

关于增值税纳税人身份的筹划，通常以"无差别平衡点增值率"（在不考虑小规模纳税人各项税收优惠的前提下）为依据。在销售价格相同的情况下，增值税税负的轻重取决于增值率的大小。所谓增值率，是指不含税增值额与不含税销售额的比值，而增值额就是不含税销售额减去不含税购进额的差额。当增值率达到某一数值时，两类纳税人的税负相同，此时的增值率称为"无差别平衡点增值率"。

增值率 =（不含税销售额 − 不含税购进额）÷ 不含税销售额 ×100%

一般纳税人应纳税额 = 不含税销售额 × 增值率 × 适用税率

小规模纳税人应纳税额 = 不含税销售额 × 征收率

当两类纳税人应纳税额相等时，则：

（不含税销售额 − 不含税购进额）× 增值税税率 =

不含税销售额 × 增值税征收率

假定一般纳税人的增值税税率分别为 13%、9%、6%，小规模纳税人的增值税征收率为 3%，那么无差别平衡点增值率如表 1-1 所示。

表 1-1　无差别平衡点增值率

一般纳税人税率	小规模纳税人征收率	无差别平衡点增值率（不含税）
13%	3%	23.08%
9%	3%	33.33%
6%	3%	50%

当增值率为无差别平衡点增值率时，一般纳税人和小规模纳税人的税负是相同的。

当增值率低于无差别平衡点增值率时，小规模纳税人的税负不变，而一般纳税人因其可以抵扣进项税额，所以其税负轻于小规模纳税人，此时选择作为一般纳税人更好。

当增值率高于无差别平衡点增值率时，一般纳税人的税负重于小规模纳税人，此时选择作为小规模纳税人更好。

【例 1–1】杨华准备创立一家公司，专营某种商品，预计年销售额（不含税）为 356 万元，购进额（不含税）为 280 万元。如果选择作为一般纳税人，适用的增值税税率为 13%（购入商品的增值税税率也为 13%，且进项税额均可抵扣）；如果选择作为小规模纳税人，适用的征收率为 3%。请从纳税筹划角度帮助该企业选择其纳税人身份。

增值率 ＝（不含税销售额 – 不含税购进额）÷ 不含税销售额 ×100%

　　　 ＝（356–280）÷356×100%

　　　 ＝21.35%

结论：由无差别平衡点增值率可知，该企业的增值率 21.35%＜无差别平衡点增值率 23.08%，该企业作为一般纳税人的税负轻于小规模纳税人，适合选择作为一般纳税人。

【例 1–2】某制造企业的销售对象主要为最终消费者，预计年含税销售额（增值税税率为 13%）为 395.5 万元，可抵扣的购进项目含税金额（增值税税率为 13%）为 226 万元。该企业会计核算健全，可以办理一般纳税人登记。请从纳税筹划角度帮助该企业选择其纳税人身份。

不含税销售额 ＝395.5÷（1+13%）＝350（万元）

不含税购进额 ＝226÷（1+13%）＝200（万元）

增值率 ＝（不含税销售额 – 不含税购进额）÷ 不含税销售额 ×100%

　　　 ＝（350–200）÷350×100%

　　　 ＝42.86%

结论：由无差别平衡点增值率可知，该企业的增值率 42.86%＞无差别平衡点增值率 23.08%，该企业作为小规模纳税人的税负轻于一般纳税人，适合选择作为小规模纳税人。

【例 1-3】某交通运输企业预计年含税销售额为 327 万元。若申请成为一般纳税人，则含税可抵扣购进金额为 218 万元（假设该企业进项税额平均税率为 9%）。请为该企业进行纳税筹划方案设计。

不含税销售额 =327÷（1+9%）=300（万元）

不含税购进额 =218÷（1+9%）=200（万元）

增值率 =（不含税销售额 - 不含税购进额）÷ 不含税销售额 ×100%

   =（300–200）÷300×100%

   =33.33%

结论：由无差别平衡点增值率可知，企业的增值率 33.33%= 无差别平衡点增值率 33.33%，该企业作为小规模纳税人和作为一般纳税人的税负是一样的，企业可根据自身情况选择纳税人身份。

【例 1-4】2021 年 8 月 14 日，某投资者想在厦门成立一家从事咨询服务的公司，预计年含税销售额为 265 万元。若申请成为一般纳税人，则含税可抵扣购进金额为 127.2 万元（假设该公司进项税额平均税率为 6%）。请为该公司进行纳税筹划方案设计。

不含税销售额 =265÷（1+6%）=250（万元）

不含税购进额 =127.2÷（1+6%）=120（万元）

增值率 =（不含税销售额 - 不含税购进额）÷ 不含税销售额 ×100%

   =（250–120）÷250×100%

   =52%

结论：由无差别平衡点增值率可知，企业的增值率 52%＞无差别平衡点增值率 50%，该企业作为小规模纳税人的税负轻于一般纳税人，适合选择作为小规模纳税人。

（三）注意事项

在利用无差别平衡点增值率进行纳税人身份筹划时，还需要注意以下问题。

1. 税法相关规定

《增值税一般纳税人登记管理办法》规定，凡年应税销售额超过小规模纳税人标准的，应当按规定办理一般纳税人登记，对逾期不办理一般纳税人登记的纳税人，其销售额依照增值税税率计算应纳税额，并且不得抵扣进项税额，直至纳税人办理相关手续为止。因此，并不是所有纳税人都可以选择纳税身份。

2. 企业发展趋势

如果企业起点高、资金足，销售额很快就会突破 500 万元，可直接申请作为一般纳税人；如果企业起步阶段预计月销售额将低于 15 万元，可先申请作为小规模纳税人，享受免税政策，节约成本。

3. 上游供应商

如果企业的供应商以一般纳税人为主，企业购入的材料和资产能取得发票进行进项税额抵扣，可申请作为一般纳税人；如果企业的供应商以小规模纳税人为主，企业没有进项税额可以抵扣，可申请作为小规模纳税人。

4. 下游客户

如果企业生产、经营的产品为消费品或客户多为小规模纳税人，则进行纳税人身份选择时不受发票类型的限制，纳税人身份选择的空间较大。如果企业产品销售对象多为一般纳税人，企业受到开具增值税专用发票的制约，必须选择作为一般纳税人，这样才有利于产品的销售。

5. 前期投入

如果企业前期固定资产投入较多，并可以取得增值税专用发票，可抵扣的进项税额较多，那么建议直接申请作为一般纳税人，避免这些进项税额成为沉没成本；如果前期固定资产投入较少，可以申请作为小规模纳税人。

总之，纳税人在一般纳税人与小规模纳税人身份的选择上，应综合考虑自身经营的特点及税收法律规定等。

二、简易计税方法和一般计税方法

"营改增"之后，增值税的计税方法包括一般计税方法和简易计税方法两种。一般情况下，增值税一般纳税人适用一般计税方法，即按照销项税额减去进项税额的差额计算应纳税额；小规模纳税人适用简易计税方法，即按照销售额乘以征收率计算应纳税额。当一般纳税人发生财政部和国家税务总局规定的特定应税行为时，可以选择适用简易计税方法。

可见，简易计税方法是增值税计税方法中的一种，它是按照销售额和增值税征收率计算应纳税额，且不得抵扣进项税额。有些人听到"简易"两字，就会认为这对企业来说是一种税收优惠，肯定要比采用一般计税方法更节税，事实真的如此吗？

（一）简易计税方法的规定及适用范围

简易计税方法是指按照销售额和增值税征收率计算应纳税额，不得抵扣进项税额的计税方法。简易计税方法下应纳税额的计算公式如下。

$$应纳税额 = 销售额 × 征收率（征收率一般为 3\% 或 5\%）$$

简易计税方法的销售额不包括应纳税额，纳税人采用销售额和应纳税额合并定价方法的，按照下列公式计算销售额。

$$销售额 = 含税销售额 ÷ （1+ 征收率）$$

【例 1-5】某项业务取得的开票收入是 51.5 万元（含税），选择简易计税方法计税，适用 3% 的征收率，则应纳税额是多少？

应纳税额 $=51.5 ÷ （1+3\%） × 3\%=1.5$（万元）

1. 一般纳税人选择简易计税方法的规定

（1）一般纳税人发生财政部和国家税务总局规定的特定应税行为，可以选择适用简易计税方法计税，但一经选择，36 个月内不得变更。小规模纳税人发生应税行为适用简易计税方法计税。

（2）选择简易计税方法计税的项目，需要独立核算，与该项目有关的进项税额不得抵扣，需要计入成本。其中涉及的固定资产、无形资产、不动产，仅指专用于上述项目的固定资产、无形资产（不包括其他权益性无形资产）、不动产。也就是说，其他项目发生的上述资产是不可以混为一谈的。适用一般计税方法的纳税人，兼营简易计税方法计税项目而无法划分不得抵扣的进项税额的，按照下列公式计算不得抵扣的进项税额。

$$不得抵扣的进项税额 = 当期无法划分的全部进项税额 × （当期简易计税方法计税项目销售额 + 免征增值税项目销售额）÷ 当期全部销售额$$

主管税务机关可以按照上述公式，依据年度数据对不得抵扣的进项税额进行清算。

（3）选择简易计税方法计税的项目，只能按照简易计税方法下的征收率（3%或5%）开具增值税发票（专票或普票）。如果客户对税率有要求，就不能选择采用简易计税方法计税。因此，企业在合同签订前需要与对方就税率进行提前沟通，避免后续可能的纠纷。

2.简易计税方法的适用范围

简易计税方法的适用范围主要分为两大类。

（1）小规模纳税人全部增值税应税项目均适用简易计税方法。

（2）一般纳税人某些特殊业务可以适用简易计税方法。例如，自产的商品混凝土（仅限于以水泥为原料生产的混凝土），电影放映服务、仓储服务、装卸搬运服务、收派服务和文化体育服务，提供非学历教育、教育辅助服务，等等。

3.计税差异

简易计税方法中销售额的含义与一般计税方法中销售额的含义一样，均是不含增值税的销售额。简易计税方法与一般计税方法的基本计税差异如下。

（1）一般计税方法下价税分离计算中使用的是税率，简易计税方法下使用的是征收率。

（2）一般计税方法下用销售额计算的是销项税额，简易计税方法下用销售额计算的是应纳税额。

（二）哪种计税方法更节税

如果单纯从税率和征收率来看，通常认为简易计税方法可能会对企业更有利。但是经过综合分析、测算，可得出结论：在某些特定情况下，可能选择一般计税方法对企业更有利。

1. 不得不考虑的进项税额

增值税是流转税，其最大的特点是：上家的销项税额是下家可以抵扣的进项税额。综合来看，整个环节总共要缴纳的增值税是固定的。

一般计税方法下，进项税额是可以抵扣的；而简易计税方法下，进项税额是不能抵扣的。因此，是否选择简易计税方法，有一个不得不考虑的因素就是进项税额。纳税人选择简易计税方法的目的在于节税。但不是任何情况下选择简易计税方法都可以节税，是否选择简易计税方法要通盘考虑，准确估算未来36个月内究竟有多少销项税额和进项税额。因为一般纳税人提供财政部和国家税务总局规定的特定应税服务，可以选择适用简易计税方法计税，但一经选择，36个月内不得变更。

【例 1-6】某建筑企业涉及的业务可以选择一般计税方法或简易计税方法。简易计税方法按 3% 的征收率计税，一般计税方法按 9% 的税率计税。请从增值税纳税筹划的角度为该企业提供建议。假设该企业的合同金额都是含税的。

（1）一般计税方法

应纳增值税 = 合同金额 ÷（1+9%）× 9% – 进项税额

＝8.26%× 合同金额 – 进项税额

（2）简易计税方法

应纳增值税 = 合同金额 ÷（1+3%）× 3%

$\qquad\qquad$ = 2.91% × 合同金额

（3）两种计税方法应纳增值税税额相等时

2.91% × 合同金额 = 8.26% × 合同金额 − 进项税额

进项税额 ÷ 合同金额 = 5.35%

一般计税方法最大的优势在于可以抵扣进项税额，所以：

①当进项税额占合同金额的比例 = 5.35% 时，两种方法都可以选择；

②当进项税额占合同金额的比例 ＞ 5.35% 时，选择一般计税方法；

③当进项税额占合同金额的比例 ＜ 5.35% 时，选择简易计税方法。

【例 1-7】某项工程造价（不含税）为 1 000 万元，甲供材料的价值为 400 万元（可以抵扣的进项税额为 52 万元），由于甲供材料的 500 万元不需要支付给施工单位，因此该工程的销售额为 600 万元（不含税）。钢材、水泥等大宗物资采购成本约为销售额的 50%，即 300 万元。为了计算方便，暂不考虑分包情况，也不考虑其他采购项对增值税的影响。根据规定，该工程项目可选择简易计税方法计税。那么，该项目是选择简易计税方法还是一般计税方法更为划算？

（1）采取一般计税方法时，需要缴纳的增值税 = 当期销售额 × 9% − 当期进项税额，即 600 × 9% − 300 × 13% = 15（万元）。

（2）采取简易计税方法时，需要缴纳的增值税 = 当期销售额 × 3%，即 600 × 3% = 18（万元）。

可见，采取简易计税方法比一般计税方法多缴纳 3（18−15）万元的增值税。另外，通过测算可以得出，只有当钢材、水泥等大宗物资采购成本小于销售额的 46% 时，采取简易计税方法缴纳增值税才划算。

对于有大额固定资产购入、在建工程的企业，特别是对于服务类的中小型企业，房产、重要仪器及设备的价值都是非常高的，企业通常都有巨额的进项税额，此类企业如果采用简易计税方法，将无法抵扣进项税额；而如果采用一般计税方法，由于可以抵扣进项税额，对企业而言更有优势。因此，一般纳税人如果预计在 36 个月内进项税额较多，可以选择一般计税方法，此方法下的应纳税额往往小于简易计税方法，甚至应纳税额可能会出现负数，形成留抵税额。例如：公共运输行业的一般纳税人，可以选择简易计税方法，但是，由于该行业纳税人在车辆采购、加油及维修等方面都能取得较多进项税额，由此在某段时期选择一般计税方法计算的应纳税额可能会小于简易计税方法计算的应纳税额。

【例 1-8】某企业"营改增"后选择了简易计税方法，截至 2022 年 4 月已满 36 个月，可以重新选择计税方法。考虑到近期需要更换一批设备，能够取得较多进项税额，该企业就对 2022 年 4 月—2025 年 3 月的增值税税负和利润水平进行了分析测算，以决定是否继续选择简易计税方法（以 36 个月内各项数据的总额进行测算，忽略分月计算收入和进项税额等对最终应纳税额的影响）。

第一，预计营业收入总额为 1.122 7 亿元（含税）。

第二，准备购置 100 套设备，合计金额 3 000 万元（不含税），预计发生各项费用 4 000 万元（不含税），适用税率均为 13%，且均可取得增值税专用发票。

（1）从增值税税负情况看

①选择简易计税方法。

应交增值税 =11 227÷（1+3%）×3%=327（万元）

城市维护建设税和教育费附加合计 =327×10%=32.7（万元）

增值税及附加合计 =327+32.7=359.7（万元）

②选择一般计税方法，并能尽量保证在选择一般计税方法初期完成设备采购计划，则计算如下：

进项税额 =（3 000+4 000）×13%=910（万元）

销项税额 =11 227÷（1+9%）×9%=927（万元）

应交增值税 =927–910=17（万元）

城市维护建设税和教育费附加合计 =17×10%=1.7（万元）

增值税及附加合计 =17+1.7=18.7（万元）

可见，从增值税税负情况分析，一般计税方法下的应纳税额小于简易计税方法下的应纳税额，两者差额 =327–17=310（万元）。加上附加税费，两者差额 =359.7–18.7=341（万元）。企业选择一般计税方法更合适。

（2）从利润水平看

①选择简易计税方法。

不含税收入总额 =11 227÷（1+3%）=10 900（万元）

新增固定资产总额 =3 000×（1+13%）=3 390（万元），按 10 年计提折旧，36 个月的折旧额 =3 390÷10×3=1 017（万元）。

各项费用 =4 000×（1+13%）=4 520（万元）

城市维护建设税和教育费附加为 359.7 万元。

利润 =10 900–1 017–4 520–359.7=5 003.3（万元）（未考虑人工成本及其他不变的成本费用）

②选择一般计税方法。

不含税收入总额 =11 227÷（1+9%）=10 300（万元）

新增固定资产总额为 3 000 万元，按 10 年计提折旧，36 个月的折旧额为 900 万元。

各项费用为 4 000 万元。

城市维护建设税和教育费附加为 1.7 万元。

利润 =10 300–900–4 000–1.7=5 398.3（万元）（未考虑人工成本及其他不变的成本费用）

可见，一般计税方法下的利润水平高于简易计税方法下的利润水平，两者差额 =5 398.3–5 003.3=395（万元）。

（3）小结

综上，无论从增值税税负情况还是利润水平来看，该企业选择一般计税方法优于选择简易计税方法，增值税税负更轻，利润水平更高。但需要注意的是，这里分析的是企业未来 36 个月有购置资产的情形，之后是否还是选择一般计税方法应重新测算。

2. 通过测算合理选择计税方法

除了考虑进项税额，企业还需要进行具体测算，从而确定选择采用哪一种计税方法。

【例 1-9】某企业属于销售冷冻商品的一般纳税人，适用的增值税税率为 13%。企业拥有大量冷库进行存储，由于有的客户没有及时提货，就会借助企业冷库进行存放，因此企业会根据储存天数收取仓库使用费。2022年企业销售商品 2 000 万元（适用税率为 13%，对应的增值税进项税额为

150万元），仓库使用费200万元。新来的财务人员建议将仓储服务独立出来，收取的仓库使用费作为简易计税方法计税项目。请从税务角度分析该方案是否可行。

（1）如果仓储服务未独立出来，该企业的业务属于混合销售，应交增值税=（2 000+200）×13%-150=136（万元）。

（2）如果把仓储服务独立出来，销售商品应交增值税=2 000×13%-150=110（万元），仓储服务按简易计税方法应交增值税=200×3%=6（万元），两者合计应交增值税=110+6=116（万元）。

可见，将仓储服务独立出来可以节税20（136-116）万元，该方案可行。

对于产品附加值低、微利的企业而言，一般计税方法下反而实际增值税税负更轻。一般纳税人应交增值税的计税依据是货物或劳务的增值额，所以在能充分取得增值税专用发票的情况下，销售微利商品或提供微利服务的小规模纳税人，申请成为一般纳税人后，应交增值税可能会低于小规模纳税人时期。

此外，由于存在进项税额抵扣问题，许多有抵扣进项税额需求的企业可能选择放弃和小规模纳税人合作，导致小规模纳税人的发展受限。所以，如果小规模纳税人销售额未达标但符合相关条件，在综合考虑各项情况后，也可以选择成为一般纳税人，按照一般计税方法计税。

相对于一般计税方法来说，简易计税方法具有征收率低、不需要核算进项税额、账务处理相对简单等优势，但如果从增值税税负、利润水平及下游客户需求等多个方面来综合分析，可以发现简易计税方法并不一定是对企业最有利的，企业应结合实际情况进行选择。

三、销售结算方式影响货币时间价值

企业的销售结算方式是多种多样的，但总体上有两种类型：现销和赊销。无论选择哪种销售结算方式，从税收方面来说，纳税义务发生时间都是必须要考虑的，因为这决定着企业何时纳税。

《中华人民共和国增值税暂行条例》（以下简称《增值税暂行条例》）有关增值税纳税义务发生时间规定：发生应税销售行为，为收讫销售款项或者取得索取销售款项凭据的当天；先开具发票的，为开具发票的当天；进口货物，为报关进口的当天。简单来说，当企业发生应税销售行为时，确定其增值税纳税义务发生时间，是以"收讫销售款项、取得索取销售款项凭据或者开具发票时间"三者孰先原则确定。具体来讲，增值税的纳税义务发生时间包括但不限于以下情形。

（1）纳税人发生销售货物或者加工修理修配劳务，销售服务、无形资产、不动产的应税销售行为，先开具增值税发票的，为开具发票的当天。（纳税人收取款项但未发生销售货物、应税劳务、服务、无形资产或不动产行为，按照国家税务总局的规定允许使用"未发生销售行为的不征税项目"编码开具不征税发票的情形除外。）

（2）纳税人采取直接收款方式销售货物，不论货物是否发出，均为收到销售款或者取得索取销售款凭据的当天。

（3）纳税人采取赊销方式销售货物，签订了书面合同的，为书面合同约定的收款日期的当天；无书面合同的或者书面合同没有约定收款日期的，为货物发出的当天。

（4）纳税人采取分期收款方式销售货物，签订了书面合同的，为书面合同约定的收款日期的当天；无书面合同的或者书面合同没有约定收款日期的，为货物发出的当天。

（5）纳税人采取预收货款方式销售货物（特定货物除外），为货物发出的当天。纳税人采取预收货款方式，生产销售生产工期超过 12 个月的大型机械设备、船舶、飞机等特定货物，为收到预收货款或者书面合同约定的收款日期的当天。

（6）纳税人委托其他纳税人代销货物，为收到代销单位的代销清单或者收到全部或者部分货款的当天。未收到代销清单及货款的，为发出代销货物满 180 天的当天。

（7）纳税人提供加工、修理修配劳务，为提供劳务同时收讫销售款或者取得索取销售款凭据的当天。

（8）纳税人进口货物，为报关进口的当天。

（9）纳税人发生销售服务、无形资产或者不动产的应税行为，为在其应税行为发生过程中或者完成后收到销售款项的当天。

（10）纳税人销售服务、无形资产或者不动产，签订了书面合同并确定了付款日期的，为书面合同确定的付款日期的当天；签订了书面合同但未确定付款日期的，为服务、无形资产转让完成的当天或者不动产权属变更的当天。

（11）纳税人销售服务、无形资产或者不动产，未签订书面合同的，为服务、无形资产转让完成的当天或者不动产权属变更的当天。

（12）纳税人提供（有形动产和不动产）租赁服务采取预收款方式的，为收到预收款的当天。

（13）纳税人销售建筑服务，被工程发包方从应支付的工程款中扣押的质押金、保证金，未开具发票的，以纳税人实际收到质押金、保证金的当天为纳税义务发生时间。

（14）纳税人发生下列视同销售货物行为，为货物移送的当天：①设有两个以上机构并实行统一核算的纳税人，将货物从一个机构移送其他机构用于销售，但相关机构设在同一县（市）的除外；②将自产或者委托加工的货物用于非增值税应税项目；③将自产、委托加工的货物用于集体福利或者个人消费；④将自产、委托加工或者购进的货物作为投资，提供给其他单位或者个体工商户；⑤将自产、委托加工或者购进的货物分配给股东或者投资者；⑥将自产、委托加工或者购进的货物无偿赠送其他单位或者个人。

（15）纳税人发生以下视同销售的情形，为服务、无形资产转让完成的当天或者不动产权属变更的当天：①单位或者个体工商户向其他单位或者个人无偿提供服务，但用于公益事业或者以社会公众为对象的除外；②单位或者个人向其他单位或者个人无偿转让无形资产或者不动产，但用于公益事业或者以社会公众为对象的除外；③财政部和国家税务总局规定的其他情形。

另外，增值税扣缴义务发生时间为被代扣税款的纳税人增值税纳税义务发生的当天。

可见，不同的销售结算方式，纳税义务发生时间是不同的，这就为纳税筹划提供了可能。例如，采取直接收款方式销售货物，意味着在销售货物的时候，如果卖方与买方办理了货款结算手续，或者卖方为买方开具了发票，无论买方是否提货，都要计算缴纳增值税。一些企业销售货物，买方没有付款，只是打了欠条，企业认为没有收到货款，不需要申报纳税。其实，欠条就是"索取销售款凭据"，企业可以凭欠条要回货款。但如果企业在销售货物时改变结算方式，则可以避免提早缴纳税款。

此外，很多企业常在应收账款上"栽跟头"，受到税务机关处罚。这些企业采取直接收款方式销售货物，按规定在收到销售款或取得索取销售款凭据时就要申报纳税。但它们因为担心对方退货，如购货方以产品不符合质量标准为由拒付货款，使企业遭受损失，所以通常会把销售额记入"应收账款"科目，没有申报纳税，从而受到处罚。其实针对这种情况，企业可以采取分期收款的方式销售产品，这样在购货方付款前就不用纳税了。

可见，企业在销售环节就应当考虑到风险的存在，在签订购销合同时进行有效的事先防范。

第一，强调销货方风险的存在，取得购货方的理解和配合。

第二，在取得购货方理解和配合的基础上，采用货款不到不开发票的方式，达到延缓纳税的目的。

第三，避免采用托收承付和委托收款结算方式，防止垫付税款，尽可能采用支票、银行本票和汇兑结算方式。

第四，采用赊销方式，分期收款结算，收多少款，开多少发票。

【例1-10】甲企业9月1日销售机床一台，价值2 000万元，产品成本为1 500万元，适用13%的增值税税率。因购货企业资金困难，货款无法一次收回。如果采取直接收款方式销售产品，甲企业9月实现的该机床的销项税额为260万元；如果甲企业同购货企业达成分期收款的协议，协议中注明分10个月收回货款，每月30日前购货企业支付货款200万元，则甲企业每个月的销项税额为26万元。

显然，采用分期收款的方式使企业能够分期缴纳税款，减轻企业税收压力，使增值税税负趋于均衡。

【例1-11】某工艺品厂为市政生产一大型雕塑产品，合同金额为240万元。该厂该如何筹划？

工艺品厂可以采取预收货款方式，双方签订合同规定：预收定金100万元，当雕塑安装使用后，再结清余额140万元。这样处理，工艺品厂在收到预收款100万元时，货物还没发出，不用申报纳税；待雕塑交付使用，并实现了全部的240万元销售额时，才全额纳税。这样工艺品厂就获得了100万元销售额对应的应纳税款的货币时间价值。

【例1-12】H公司本月发生两笔销售业务，不含税销售货款总额5 000万元。其中，第一笔2 000万元，现金结算；第二笔3 000万元，一年后收款。

如果全部采取直接收款方式，那么所有销售额都应在当月计提销项税额，共计650（5 000×13%）万元。

如果在合同中改变结算方式，对第二笔业务未收到的3 000万元，通过与购买方签订赊销和分期收款合同，具体约定一年后的收款日期，就可以延缓一年纳税。这样，本月只需要缴纳增值税260（2 000×13%）万元；到了一年后约定的收款时间，再缴纳增值税390（3 000×13%）万元。

因此，采用赊销和分期收款方式，在合同中约定具体收款日期，可以为企业节约大量的流动资金。

四、涉税风险点与筹划要点

（一）区分混合销售与兼营

对于混合销售和兼营这两个概念，必须充分理解两者各自的内涵，以避免产生不必要的税务风险。

1. 准确判断

一项销售行为如果既涉及服务又涉及货物，为**混合销售**。可见，混合销售成立的行为标准有两点。**一是销售行为必须是一项，二是该项行为必须既涉及服务又涉及货物**。货物是指增值税法律法规中规定的有形动产，包括电力、热力和气体；服务是指交通运输服务、建筑服务、金融保险服务、邮政服务、电信服务、现代服务、生活服务等。在确定混合销售是否成立时，行为标准中的上述两点必须同时存在。如果一项销售行为只涉及销售服务，不涉及货物，这种行为就不是混合销售行为；如果涉及销售服务和货物，但不是存在于一项销售行为之中，这种行为也不是混合销售行为。例如，商场既销售电器，又提供上门安装服务，不论安装服务是收费还是免费，由于服务和货物具有关联和从属关系，归属于一项应税销售行为，因此这种行为属于混合销售。

纳税人在经营中，既包括销售货物和加工修理修配劳务，又包括销售服务、无形资产和不动产的行为，适用不同税率或征收率，属于兼营。简单来说，兼营是指纳税人经营的业务中，有两项或多项销售行为，但是这两项或多项销售行为没有直接的关联和从属关系，业务的发生互相独立。例如，商场既销售商品，又提供餐饮服务。显然，商场提供餐饮服务，不以销售商品作为前提条件，也就是说，这两种业务面对的是不同的客户群体，属于独立的应税销售行为，因此，该应税销售行为属于兼营行为。

那么，在实务中，兼营和混合销售该如何判断呢？在判断是兼营还是混合销售时，需要厘清以下几项：

（1）纳税人是否只发生了一项应税销售行为；

（2）相关行为是否针对同一客户发生；

（3）经济业务实质是否为一笔；

（4）合同标的是否为一项；

（5）货物和服务是否具有关联和从属关系。

上述判断中，属于一项应税销售行为的，则是混合销售；否则为兼营。

实际上，增值税征税范围中只有货物与服务的组合才可能是混合销售，其他组合方式如销售货物与销售不动产，不属于混合销售。即混合销售是一项销售行为，虽然既涉及货物又涉及服务，但二者之间有直接关联或互为从属关系。实务中，酒店住宿业务就是一个比较典型的混合销售行为。顾客入住酒店后，酒店除了提供客房住宿服务，可能还会提供一些收费的服务项目，如提供收费洗漱用品、客房收费餐食服务等。客人在客房住宿服务的依托下使用其他服务及消耗品，因此酒店不能独立拆分各项销售行为，应将客房服务、其他服务、销售洗漱用品等统一按照"生活服务"计算缴纳增值税。

2. 适用税率

（1）兼营

《增值税暂行条例》第三条规定，纳税人兼营不同税率的项目，应当分别核算不同税率项目的销售额；未分别核算销售额的，从高适用税率。

《财政部 国家税务总局关于全面推开营业税改征增值税试点的通知》(财

税〔2016〕36号）附件1《营业税改征增值税试点实施办法》第三十九条规定，纳税人兼营销售货物、劳务、服务、无形资产或者不动产，适用不同税率或者征收率的，应当分别核算适用不同税率或者征收率的销售额；未分别核算的，从高适用税率。

附件2《营业税改征增值税试点有关事项的规定》第一条第（一）项规定，试点纳税人销售货物、加工修理修配劳务、服务、无形资产或者不动产适用不同税率或者征收率的，应当分别核算适用不同税率或者征收率的销售额，未分别核算销售额的，按照以下方法适用税率或者征收率：

①兼有不同税率的销售货物、加工修理修配劳务、服务、无形资产或者不动产，从高适用税率；

②兼有不同征收率的销售货物、加工修理修配劳务、服务、无形资产或者不动产，从高适用征收率；

③兼有不同税率和征收率的销售货物、加工修理修配劳务、服务、无形资产或者不动产，从高适用税率。

因此，对于兼营行为，需要先判断是否将货物和服务分别核算。如果分别核算，则按不同应税行为适用不同税率或征收率；如果未分别核算，则从高适用税率。

【例1-13】某物业公司提供物业管理服务的同时，也向业主提供车位租赁、入户维修及日常生活用品销售服务等。

如果物业公司没有将这些业务分开核算，那么应该从高适用税率。如果物业公司分别核算应税服务、货物、劳务的销售额，那么提供车位租赁服务，按照出租不动产纳税；提供入户维修服务，按照加工修理修配劳务纳税；销售日常生活用品，按照销售货物纳税。

【例 1-14】利华公司是一家商品流通企业。本月利华公司向甲企业销售一批商品，货款为 300 000 元；同时还向甲企业转让一项商标（与销售该商品无关），转让价格为 500 000 元。利华公司对上述两项经济业务分别进行核算。

利华公司上述经济业务并无联系，且分别核算，因此应视为兼营。销售商品适用的税率为 13%，转让商标属于销售无形资产，适用的税率为 6%。利华公司的会计处理如下。

（1）销售商品

销售商品的销项税额 =300 000 × 13%=39 000（元）

借：应收账款——甲企业　　　　　　　　　　　339 000

　　贷：主营业务收入　　　　　　　　　　　　　300 000

　　　　应交税费——应交增值税（销项税额）　　39 000

（2）销售无形资产

销售无形资产的销项税额 =500 000 × 6%=30 000（元）

借：应收账款——甲企业　　　　　　　　　　　530 000

　　贷：主营业务收入　　　　　　　　　　　　　500 000

　　　　应交税费——应交增值税（销项税额）　　30 000

（2）混合销售

《财政部 国家税务总局关于全面推开营业税改征增值税试点的通知》（财税〔2016〕36 号）附件 1《营业税改征增值税试点实施办法》第四十条规定，一项销售行为如果既涉及服务又涉及货物，为混合销售。从事货物的生产、批发或者零售的单位和个体工商户的混合销售行为，按照销售货物缴纳增值税；其他单位和个体工商户的混合销售行为，按照销售服务缴纳增值税。本条所称从事货物的生产、批发或者零售的单位和个体工商户，包括以从事货物的生产、批发或者零售为主，并兼营销售服务的单位和个体工商户在内。

因此，对于混合销售，需要判断纳税人是否是从事货物的生产、批发或者零售的单位和个体工商户。如果是，则按照销售货物缴纳增值税；如果不是，则按照销售服务缴纳增值税。

【例 1-15】某汽车美容店，在提供汽车打蜡服务的同时，也发生车蜡的销售行为。该汽车美容店的上述经营活动应如何纳税？

首先，判断是否属于混合销售。汽车美容店给汽车打蜡是必须要用车蜡的，就算消费者不买汽车美容店的车蜡，也需要从其他渠道自行购买，这说明提供汽车打蜡服务和销售车蜡属于密不可分的行为。因此，汽车美容店的上述经营活动属于混合销售。

其次，该汽车美容店不是从事货物的生产、批发或者零售的单位和个体工商户，其提供打蜡服务的同时销售车蜡的行为，属于增值税混合销售，应按"生活服务"纳税。

【例 1-16】万来公司是一家贸易企业。本月万来公司向外地一客户销售一批商品，为了保证及时供货，双方议定由万来公司负责配送。万来公司除收取该批商品货款 100 000 元外，还收取运输费 5 000 元。货款与运费均已收到。

万来公司在此次销售行为中，既涉及服务（运输服务）又涉及货物，按规定属于混合销售行为。由于万来公司是贸易企业，所以其混合销售行为都视为销售货物，取得的货款和运输费一并作为货物销售额，按该批货物适用的 13% 税率征收增值税，对取得的运输收入不再单独征收增值税。万来公司的会计处理如下。

销项税额＝（100 000 + 5 000）× 13%=13 650（元）

借：银行存款　　　　　　　　　　　　　　　　　118 650

　　贷：主营业务收入　　　　　　　　　　　　　　105 000

　　　　应交税费——应交增值税（销项税额）　　　　13 650

3. 特殊情形

混合销售的特殊情形有以下两种。

（1）纳税人销售活动板房、机器设备、钢结构件等自产货物的同时提供建筑、安装服务，不属于《营业税改征增值税试点实施办法》（财税〔2016〕36 号文件印发）第四十条规定的混合销售，应分别核算货物和建筑服务的销售额，分别适用不同的税率或者征收率。

政策依据：《国家税务总局关于进一步明确营改增有关征管问题的公告》（国家税务总局公告 2017 年第 11 号）第一条。

（2）一般纳税人销售自产机器设备的同时提供安装服务，应分别核算机器设备和安装服务的销售额，安装服务可以按照甲供工程选择适用简易计税方法计税。

一般纳税人销售外购机器设备的同时提供安装服务，如果已经按照兼营的有关规定，分别核算机器设备和安装服务的销售额，安装服务可以按照甲供工程选择适用简易计税方法计税。纳税人对安装运行后的机器设备提供的维护保养服务，按照"其他现代服务"缴纳增值税。

政策依据：《国家税务总局关于明确中外合作办学等若干增值税征管问题的公告》（国家税务总局公告 2018 年第 42 号）第六条。

【例 1-17】某机器设备销售公司是增值税一般纳税人，主营业务是机器设备销售。6 月，该公司签订了一份机器设备销售（包安装）合同，合同中清楚约定了设备销售费用和安装服务费用。设备为该公司从外部采购，且就这笔合同的业务进行分别核算。

根据规定，该公司销售外购机器设备并提供安装服务，应认定为兼营行为，分别核算机器设备和安装服务的销售额，并分别适用相对应的税率。

4. 纳税筹划

（1）兼营

税法规定：纳税人兼营不同税率的项目，应当分别核算不同税率项目的销售额；未分别核算销售额的，从高适用税率。纳税人兼营销售货物、劳务、服务、无形资产或者不动产，适用不同税率或者征收率的，应当分别核算适用不同税率或者征收率的销售额；未分别核算的，从高适用税率。

因此，兼营行为的纳税筹划空间并不大，最为重要的就是分别核算，避免原本适用低税率或征收率的经营活动被适用高税率。

【例 1-18】某贸易公司属增值税一般纳税人，某月销售钢材 100 万元（不含税，适用税率为 13%），同时又经营农机销售，取得销售收入 50 万元（不含税，适用税率为 9%）。分别核算和未分别核算这两项业务的应交增值税计算如下。

（1）未分别核算，应从高适用税率 13%。

应交增值税 =（100+50）× 13%=19.50（万元）

（2）分别核算，钢材销售适用税率 13%，农机销售适用税率 9%。

应交增值税 =100 × 13%+50 × 9%=17.50（万元）

可见，分别核算可以节省 2（19.50–17.50）万元的增值税。

（2）混合销售

税法规定：**从事货物的生产、批发或者零售的单位和个体工商户的混合销售行为，按照销售货物缴纳增值税；其他单位和个体工商户的混合销售行为，按照销售服务缴纳增值税。**所称从事货物的生产、批发或者零售的单位和个体工商户，包括以从事货物的生产、批发或者零售为主，并兼营销售服务的单位和个体工商户在内。

可见，混合销售行为根据纳税人经营业务的不同而适用不同税率，主要是销售货物和提供服务的税率不同。混合销售的纳税筹划思路就是将业务剥离，从而适用不同的税率。

【例1-19】某贸易公司是增值税一般纳税人，从事大宗商品的批发零售（适用税率13%），同时也提供运输服务。2022年，公司产品销售收入为2 000万元（不含税），可抵扣的进项税额为150万元；运输服务收入为500万元（不含税），可抵扣的进项税额为30万元。主管税务机关对其业务以混合销售行为一并征收增值税（适用税率13%）。

应交增值税 =（2 000+500）× 13%–150–30=145（万元）

公司的增值税负担较重，在税务师的建议下，公司设立单独核算的售后服务公司，负责运输业务，分别签订合同。这样操作，运输服务可以按照较低的税率9%来缴纳增值税。假设其他条件保持不变。

销售业务应交增值税 =2 000 × 13%–150=110（万元）

运输业务应交增值税 =500 × 9%–30=15（万元）

合计应交增值税 =110+15=125（万元）

可见，在将业务剥离后，公司可以节省增值税20（145–125）万元。

（3）合同签订中的纳税筹划

根据规定，一般纳税人销售自产机器设备的同时提供安装服务，应分别核算机器设备和安装服务的销售额，安装服务可以按照甲供工程选择适用简易计税方法计税。一般纳税人销售外购机器设备的同时提供安装服务，如果已经按照兼营的有关规定，分别核算机器设备和安装服务的销售额，安装服务可以按照甲供工程选择适用简易计税方法计税。**纳税人对安装运行后的机器设备提供的维护保养服务，按照"其他现代服务"缴纳增值税。**

从上述规定可以看出，只有在分别核算的前提下才可以按具体项目分别适用不同税率。因此，纳税人在签订此类合同时，不能笼统地按总价签订，而必须具体列明不同服务项目的具体金额，否则就要按混合销售缴纳增值税。

【例1-20】华廖公司是一家电梯销售公司，属于增值税一般纳税人，主营电梯销售、安装及维护保养服务。本月华廖公司向一家房地产开发公司销售电梯20部，每部电梯不含税价格100万元（包括电梯销售价格60万元，安装费用20万元，3年的维护保养费20万元）。

按销售部拟定的合同，只约定了不含税总价款为2 000（100×20）万元。由于没有分别核算机器设备、安装服务、维护保养服务的销售额，则应按照混合销售计算缴纳增值税。

应交增值税=2 000×13%=260（万元）

财务部审核合同时发现了该问题，建议在合同中分别注明各个项目的具体金额，发票按照项目开具，分别核算收入。这样一来，根据规定，华廖公司销售电梯并负责安装，可分别核算销售电梯、安装服务、售后服务的具体金额，各个项目可以分别适用不同税率，即销售电梯适用税率13%、安装服务可以选择 9% 的税率或者 3% 的征收率（简易计税方法）、后续提供的维护保养服务按照"其他现代服务"适用 6% 的税率。如此操作，假设安装服务选择一般计税方法计税，可比原合同节税 44 万元，具体计算如下：

应交增值税 =60×20×13%+20×20×9%+20×20×6%=216（万元）

节税额 =260–216=44（万元）

（二）促销方案也得考虑"税"

随着社会经济的发展、商品的快速流通，以前简单的买卖交易已经逐步被取代，伴随的是各种各样的特殊销售方式。由于市场竞争越来越激烈，很多企业会采取一些特殊、灵活的销售方式，以此扩大销售额，占领市场。

1. 商业折扣

商业折扣是企业常用的促销手段。商业折扣又称"折扣销售"，是指实际销售商品或提供劳务时，将价目单中的报价打折后提供给客户，这个折扣就叫商业折扣。商业折扣通常以百分数列示，如 5%、10%，买方只需按照标明价格的百分比付款。

对于商业折扣，现行增值税法律法规规定：在商业折扣的销售方式中，如果销售额和折扣额是在同一张发票上分别注明的，应按折扣后的金额作为销售额计算增值税；如果将折扣额另开发票，不管其在财务上如何处理，均不得从销售额中减除折扣额计算增值税。

从本质上来说，商业折扣一般在交易发生时即已确定。它仅仅是确定实际销售价格的一种手段，不需要在买卖双方任何一方的账上反映，所以商业折扣对应收账款的入账价值没有实质性的影响。**因此，在涉及商业折扣时，企业应按扣除商业折扣后的金额入账。**

【例 1-21】某企业属于增值税一般纳税人，适用的增值税税率为 13%。5 月 10 日，企业销售一批商品，价目表上标明的金额为 300 000 元。由于该商品为库存品，经过协商，给予购货方 10% 的商业折扣（销售额和折扣额开在同一张发票上）。货款尚未收到。根据上述经济业务，该企业应做以下账务处理。

借：应收账款   305 100

    贷：主营业务收入   270 000

        应交税费——应交增值税（销项税额）   35 100

注意：案例中，如果发票按总价 300 000 元开具，发票上不体现折扣金额，或者把折扣金额注明在备注栏中，则税法上不承认折扣金额，企业需要按 39 000（300 000×13%）元来缴纳增值税。因此，选择正确的开票方式非常重要！

2. 现金折扣

所谓现金折扣，就是企业为了鼓励客户在一定期限内及早付款，而从发票价格中让渡给客户一定数额的款项，并规定在不同的期限内付款可以享受不同的折扣优惠。

现金折扣一般用符号"折扣 / 付款期限"表示。例如，"2/10，1/20，N/30"，"2/10"表示如果买方在 10 天内付款，可以享受 2% 的折扣；"1/20"表示如果买方在 20 天内付款，可以享受 1% 的折扣；"N/30"表示企业允许客户最长的付款期限为 30 天，如果客户在第 21 天至 30 天付款，则不能享受现金折扣优惠。

对于现金折扣，执行新收入准则（执行企业会计准则）与未执行新收入准则（执行《小企业会计准则》）的企业的账务处理是不一样的。

（1）执行新收入准则

执行企业会计准则的，企业在销售商品时给予客户的现金折扣，应当按照《企业会计准则第14号——收入》中关于可变对价的相关规定进行账务处理。

交易价格，是指企业因向客户转让商品而预期有权收取的对价金额。在确定交易价格时，企业应当考虑可变对价。企业与客户在合同中约定的对价金额可能是固定的，也可能会因折扣、价格折让、返利、退款等因素而变化。在确定交易价格是否为可变对价时，企业应当考虑各种相关因素（如企业已公开宣布的政策、特定声明、以往的习惯做法、销售战略以及客户所处的环境等），以判断客户是否会接受一个低于合同标价的价格，即企业向客户提供一定的价格折让。

具体来说，在新收入准则下，企业在确认销售收入时，要预估现金折扣发生的比例，并做相应扣除后再确认收入。之后，再结合实际发生的现金折扣，来调整收入确认的金额。现金折扣对价部分，不再单独计入财务费用。

例如，企业给予客户的现金折扣为"1/10，N/20"，根据以往数据，预测会有80%的客户选择10天内付款，则企业在确认收入时，全部价款的1%就不应直接计入收入，而应先记入"合同负债"账户；等到客户实际付款时，再冲减"合同负债"账户：若客户享受的折扣金额（或选择放弃折扣）小于记入"合同负债"账户的金额，差额部分调增收入。

【例1-22】甲企业和乙企业都属于增值税一般纳税人，适用的增值税税率为13%。8月11日，甲企业向乙企业销售一批商品，售价500 000元，增值税65 000元，规定的现金折扣条件为"2/10，N/30"（现金折扣不包括增值税）。根据上述经济业务，甲企业应做以下账务处理。

（1）销售商品时：

借：应收账款——乙企业 565 000

　　贷：主营业务收入 490 000

　　　　合同负债 10 000

　　　　应交税费——应交增值税（销项税额） 65 000

（2）如果上述货款在10日内收到：

现金折扣 =500 000×2%=10 000（元）

借：银行存款 555 000

　　合同负债 10 000

　　贷：应收账款——乙企业 565 000

（3）如果上述货款未在10日内收到，即客户选择放弃现金折扣：

借：银行存款 565 000

　　合同负债 10 000

　　贷：主营业务收入 10 000

　　　　应收账款——乙企业 565 000

（2）执行《小企业会计准则》

当应收账款入账时，客户是否能享受现金折扣还未知。因此，企业在提供现金折扣时，应收账款的入账金额是发票的实际金额。现金折扣只有当客户在折扣期内支付货款时，才予以确认并计入当期财务费用。

①销售方在销售时，在提供现金折扣的情况下，应按未扣除现金折扣的金额确定商品销售收入金额。实际发生现金折扣时，将其计入财务费用。

【例 1-23】甲企业和乙企业都属于增值税一般纳税人，适用的增值税税率为 13%。7 月 8 日，甲企业向乙企业销售一批商品，售价 500 000 元，增值税 65 000 元，规定的现金折扣条件为"2/10，1/20，N/30"（现金折扣不包括增值税）。根据上述经济业务，甲企业应做以下账务处理。

（1）销售商品时：

借：应收账款——乙企业　　　　　　　　　　　　　565 000

　　贷：主营业务收入　　　　　　　　　　　　　　　500 000

　　　　应交税费——应交增值税（销项税额）　　　　 65 000

（2）如果上述货款在 10 日内收到：

现金折扣 =500 000×2%=10 000（元）

借：银行存款　　　　　　　　　　　　　　　　　　555 000

　　财务费用　　　　　　　　　　　　　　　　　　 10 000

　　贷：应收账款——乙企业　　　　　　　　　　　 565 000

（3）如果上述货款在第 11～20 日收到：

现金折扣 =500 000×1%=5 000（元）

借：银行存款　　　　　　　　　　　　　　　　　　560 000

　　财务费用　　　　　　　　　　　　　　　　　　　5 000

　　贷：应收账款——乙企业　　　　　　　　　　　 565 000

（4）如果上述货款在第 21～30 日收到（即超过了现金折扣的期限）：

现金折扣 =0

借：银行存款　　　　　　　　　　　　　　　　　　565 000

　　贷：应收账款——乙企业　　　　　　　　　　　 565 000

②购买方在购入商品时，在销售方提供现金折扣的情况下，应按未扣除现金折扣的金额确定应支付的金额。如果获得现金折扣，在实际偿付货款时所获得的现金折扣，直接冲减财务费用。

【例1-24】甲企业和乙企业都属于增值税一般纳税人，适用的增值税税率为13%。7月8日，乙企业向甲企业购买一批商品，价款500 000元，增值税65 000元，甲企业规定的现金折扣条件为"2/10，1/20，N/30"（现金折扣不包括增值税）。根据上述经济业务，乙企业应做以下账务处理。

（1）购入商品时：

借：在途物资　　　　　　　　　　　　　　　　　500 000

　　应交税费——应交增值税（进项税额）　　　　 65 000

　　　贷：应付账款——甲企业　　　　　　　　　565 000

（2）如果上述货款在10日内支付：

现金折扣=500 000×2%=10 000（元）

借：应付账款——甲企业　　　　　　　　　　　　565 000

　　贷：银行存款　　　　　　　　　　　　　　　555 000

　　　　财务费用　　　　　　　　　　　　　　　 10 000

（3）如果上述货款在第11～20日支付：

现金折扣=500 000×1%=5 000（元）

借：应付账款——甲企业　　　　　　　　　　　　565 000

　　贷：银行存款　　　　　　　　　　　　　　　560 000

　　　　财务费用　　　　　　　　　　　　　　　　5 000

（4）如果上述货款在第 21 ～ 30 日支付（即超过了现金折扣的期限）：

现金折扣 =0

借：应付账款——甲企业　　　　　　　　　　　　　　565 000

　　贷：银行存款　　　　　　　　　　　　　　　　　　565 000

3. 销售折让

销售折让是指企业因售出商品的质量不合格等原因而在售价上给予的减让。对于销售折让，企业应分不同情况进行处理。

（1）已确认收入的售出商品发生销售折让的，通常应当在发生时冲减当期销售商品收入；如果按规定允许扣减当期销项税额的，还应同时借记"应交税费——应交增值税（销项税额）"科目。

（2）已确认收入的销售折让属于资产负债表日后事项的，应当按照有关资产负债表日后事项的相关规定进行处理。

【例 1–25】甲企业销售一批商品给乙企业，开出的增值税专用发票上注明该批商品的销售额为 300 000 元，增值税销项税额为 39 000 元。乙企业收到货后，发现商品质量不完全合格，经协商，甲企业同意在价格上给予 10% 的折让。该销售折让不属于资产负债表日后事项，且根据规定发生的销售折让允许扣减当期增值税额。根据上述经济业务，甲企业应做以下账务处理。

（1）销售实现时：

借：应收账款——乙企业　　　　　　　　　　　　　　339 000

　　贷：主营业务收入　　　　　　　　　　　　　　　　300 000

　　　　应交税费——应交增值税（销项税额）　　　　　 39 000

（2）发生销售折让时：

借：主营业务收入　　　　　　　　　　　　　　30 000

　　应交税费——应交增值税（销项税额）　　　　3 900

　　贷：应收账款——乙企业　　　　　　　　　　33 900

4. "买 + 送"类促销活动

"买 + 送"类促销活动的特征是消费者享受的优惠要在其消费的前提下才能实现，而且享受的优惠和消费的行为是同时发生的。例如，买一件送一件、买大产品送小产品等。"买一赠一"的促销模式在日常生活中较常见，而且对于商家来说，"买一赠一"比五折销售更有优势，因为它在收入总额一定的情况下提高了产品的销量。

"买一赠一"活动实质上属于"捆绑销售"行为，赠送商品的价值已经包含在收取的销售额中，不属于增值税视同销售行为，销售方不需要再次缴纳增值税，进项税额可以抵扣。

"买 + 送"类促销活动，税务上可以作为商业折扣处理，但要注意优惠的金额与购买商品的金额需要在同一张发票上显示，才能按照优惠后的余额缴纳增值税。《财政部 国家税务总局关于全面推开营业税改征增值税试点的通知》（财税〔2016〕36 号）规定：纳税人发生应税行为，将价款和折扣额在同一张发票上分别注明的，以折扣后的价款为销售额；未在同一张发票上分别注明的，以价款为销售额，不得扣减折扣额。

《国家税务总局关于折扣额抵减增值税应税销售额问题的通知》（国税函〔2010〕56 号）规定：纳税人采取折扣方式销售货物，销售额和折扣额在同一张发票上分别注明是指销售额和折扣额在同一张发票上的"金额"栏分别注明的，可按折扣后的销售额征收增值税。未在同一张发票"金额"栏注明折扣额，而仅在发票的"备注"栏注明折扣额的，折扣额不得从销售额中减除。

这里需要注意，如果没有以折扣的形式开具发票的，赠品视同销售，以赠品的销售额计征增值税。

【例1-26】某商场是一般纳税人，国庆期间对空调开展"买赠"活动，买一台空调赠送一个空气炸锅。该活动共销售空调50台，不含税单价4 050元，购进成本3 000元；送出空气炸锅50台，不含税成本300元（零售价450元）。开具发票时将赠品与商品开在同一张发票上，销售价款202 500元，增值税销项税额26 325元。

（1）该活动属于异类捆绑销售，销售的商品和赠品开在同一张发票上，应将销售总额按各商品公允价值比例分摊确认收入。空调公允价值202 500元，空气炸锅公允价值22 500元，相关账务处理如下。

①确认销售收入时：

不含税总收入 =4 050×50=202 500（元）

空调分摊收入比例 =202 500÷（202 500+22 500）×100%=90%

空调分摊收入 =202 500×90%=182 250（元）

空气炸锅分摊收入比例 =22 500÷（202 500+22 500）×100%=10%

空气炸锅分摊收入 =202 500×10%=20 250（元）

借：银行存款　　　　　　　　　　　　　　　　228 825

　　贷：主营业务收入——空调　　　　　　　　　182 250

　　　　　　　　——空气炸锅　　　　　　　　　 20 250

　　　　应交税费——应交增值税（销项税额）　　 26 325

②同时结转空调和空气炸锅成本：

借：主营业务成本　　　　　　　　　　　　　　　150 000

　　贷：库存商品——空调　　　　　　　　　　　　　　150 000

借：主营业务成本　　　　　　　　　　　　　　　15 000

　　贷：库存商品——空气炸锅　　　　　　　　　　　　15 000

（2）如果所售商品和赠品没有开在同一张发票上，那么赠送的空气炸锅需要视同销售缴纳增值税。

①确认销售收入时：

借：银行存款　　　　　　　　　　　　　　　　　228 825

　　贷：主营业务收入——空调　　　　　　　　　　　　202 500

　　　　应交税费——应交增值税（销项税额）　　　　　　26 325

②结转空调成本：

借：主营业务成本　　　　　　　　　　　　　　　150 000

　　贷：库存商品——空调　　　　　　　　　　　　　　150 000

③结转空气炸锅成本时（对于无偿赠送的空气炸锅，根据规定需要视同销售缴纳增值税）：

借：销售费用——促销费　　　　　　　　　　　　16 950

　　贷：库存商品——空气炸锅　　　　　　　　　　　　15 000

　　　　应交税费——应交增值税（销项税额）　　　　　　1 950

通过上述对比可以看出，在"买赠"活动中，销售发票上是否包含赠品对增值税的影响比较大。在所售商品和赠品没有开在同一张发票上的情况下，多交了1 950元的增值税。

（三）差旅费需做好进项处理

差旅费指工作人员临时到常住地以外地区公务出差，所发生的城市间交通费、住宿费、伙食补助费和市内交通费等。对于差旅费具体包括哪些内容，目前的会计准则和税法等均无具体规定，实务中，大多数企业的差旅费主要包括以下几类费用。

（1）交通费：出差途中的车票、船票、机票等费用。

（2）车辆费用：自备车辆出差途中的油费、过路费、停车费等。

（3）住宿费。

（4）补助、补贴：误餐补助、交通补贴等。

（5）市内交通费：目的地的公交车、出租车等搭乘费用。

（6）杂费：行李托运、订票费等。

1. 差旅费的账务处理

企业发生的差旅费，需要根据不同部门及不同用途分别记入相应的会计科目。总体原则为：本单位人员出差发生的差旅费支出，根据员工所在部门记入相应的成本费用科目；承担的非本单位人员来本单位出差期间的费用，如客户、外聘专家等的费用，不得记入二级科目"差旅费"，而应根据外来人员来企业的目的，记入相应的成本费用科目。具体要求如下。

（1）管理部门或后勤部门人员因公出差发生的差旅费，记入"管理费用——差旅费"科目。

（2）销售或营销部门员工为销售产品、市场推广等发生的差旅费，记入"销售费用——差旅费"科目。

（3）研发部门员工因公出差发生的差旅费，记入"研发支出——差旅费"科目。

（4）员工为宣传产品或推广产品而发生的出差费用，记入"销售费用——业务宣传费"科目。

（5）企业董事会成员因行使董事职责而发生的出差费用，记入"管理费用——董事会经费"科目。

（6）企业为客户承担的出差费用，记入"销售费用——业务招待费"科目。

（7）企业邀请外部专家来本企业培训承担的出差费用，记入"职工教育经费"科目。

（8）基建人员为施工建设而发生的出差费用，记入"在建工程"科目。

2. 差旅费的进项税额抵扣规定

（1）交通费

根据《财政部 税务总局 海关总署关于深化增值税改革有关政策的公告》（财政部 税务总局 海关总署公告 2019 年第 39 号）的规定，从 2019 年 4 月 1 日起，纳税人购进国内旅客运输服务，其进项税额允许从销项税额中抵扣。

增值税一般纳税人购进国内旅客运输服务，可以作为进项税额抵扣的凭证有：增值税专用发票、增值税电子普通发票，注明旅客身份信息的航空运输电子客票行程单、铁路车票以及公路、水路等其他客票。

纳税人取得的交通费专用发票可以凭发票上注明的税额抵扣增值税，直接在增值税发票综合服务平台勾选认证抵扣即可。

取得的通行费电子普通发票、国内旅客运输的增值税电子普通发票可以凭发票上注明的税额抵扣进项税额。

取得的注明旅客身份信息的航空运输电子客票行程单，需计算抵扣进项税额，无须勾选认证。

航空旅客运输可抵扣进项税额＝（票价＋燃油附加费）÷（1+9%）×9%

票价和燃油附加费之外的项目（如机场建设费）不可以抵扣。

取得的注明旅客身份信息的铁路车票，需计算抵扣进项税额。

铁路旅客运输可抵扣进项税额＝票面金额÷（1+9%）×9%

取得注明旅客身份信息的公路、水路等其他客票，需计算抵扣进项税额。

公路、水路等其他旅客运输可抵扣进项税额＝票面金额÷（1+3%）×3%

【例1-27】某企业员工出差，取得注明旅客身份信息的航空运输电子客票行程单1张，注明票价2 000元、民航发展基金50元、燃油附加费180元。请问可以抵扣的进项税额为多少？

按照政策规定，纳税人购进国内旅客运输服务未取得增值税专用发票的，需根据取得的凭证类型，分别计算进项税额。其中取得注明旅客身份信息的航空运输电子客票行程单的，按照下列公式计算进项税额。

$$航空旅客运输进项税额 ＝（票价＋燃油附加费）÷（1+9\%）×9\%$$
$$＝（2\,000+180）÷（1+9\%）×9\%$$
$$＝180（元）$$

需要注意，民航发展基金不作为计算进项税额的基数。

这里需要注意，并不是所有差旅费中的国内旅客运输服务都可以抵扣进项税额，《国家税务总局关于国内旅客运输服务进项税抵扣等增值税征管问题的公告》（国家税务总局公告2019年第31号）对此做出了限制性规定。

①发票限制。普通发票准予抵扣进项税额，仅限取得的是电子普通发

票，取得的是纸质普通发票的，不得抵扣进项税额。

②**用途限制**。纳税人购进国内旅客运输服务用于简易计税方法计税项目、免税项目、集体福利以及个人消费的，进项税额不得抵扣。例如，某公司准备购买20张"北京—厦门"的往返机票，用于奖励公司优秀员工。该公司用于奖励员工的20张机票，属于集体福利项目，对应的进项税额不得从销项税额中抵扣。

③**员工范围限制**。国内旅客运输服务限于与本单位签订劳动合同的员工，以及本单位作为用人单位接收的劳务派遣员工发生的国内旅客运输服务，单位报销的外单位员工差旅费，不得抵扣进项税额。例如，某公司为非雇员（如客户、邀请的讲课专家等与本公司存在业务合作关系的人员）支付的旅客运输费用，不能抵扣进项税额。

④**运输区域限制**。准予抵扣的进项税额，是指购进的国内旅客运输服务，国际旅客运输服务适用增值税零税率或免税政策，不得抵扣进项税额（特别注意购进的国际航空运输服务）。

（2）住宿费

出差过程中，取得的以公司为购买方的增值税专用发票的，准予按照发票上注明的税额抵扣进项税额，在增值税综合服务平台直接勾选认证抵扣即可。

【**例1-28**】某企业收到一张含税价为1 060元的住宿费发票，不含税金额为1 000元，增值税金额为60元。账务处理如下。

借：管理费用——差旅费　　　　　　　　　　　　　　　　1 000

　　应交税费——应交增值税（进项税额）　　　　　　　　　60

　　贷：库存现金　　　　　　　　　　　　　　　　　　　1 060

需要注意，住宿费属于集体福利（如员工旅游、探亲等情况下的住宿费）及个人消费的（如股东、管理者个人非因公出差而发生的住宿费），以及企业免税项目、简易计税方法计税项目编制人员出差发生的住宿费的进项税额不得抵扣，取得增值税专用发票的，即使已经认证抵扣，也须做进项税额转出处理。

（3）车辆费

①自有车辆。使用自有车辆出差产生的费用，可按取得的增值税专用发票上注明的税额扣除。如果取得的是增值税普通发票，则不允许扣除。

②私家车。使用私家车出差产生的燃油费，取得增值税专用发票的可扣除。这里需要注意，出差人员必须与企业签署租车协议，并同意燃油费和停车费由企业承担。

（4）餐饮费

根据《财政部 国家税务总局关于全面推开营业税改征增值税试点的通知》（财税〔2016〕36号），纳税人购进的贷款服务、餐饮服务、居民日常服务和娱乐服务取得的进项税额不得从销项税额中抵扣。

所以，员工出差期间就餐即使取得了增值税专用发票，进项税额也不得抵扣。实务中，餐饮公司一般开具的是增值税普通发票。

【例1-29】2022年5月，某企业（一般纳税人）员工向财务部提交下列发票报销差旅费。可抵扣的增值税进项税额为多少？（不考虑其他情况）

（1）取得的增值税专用发票，金额1 000元，增值税90元。可抵扣的进项税额为90元。

（2）取得的增值税电子发票，税率栏为"免税"。进项税额不得抵扣。

（3）取得的客运增值税普通电子发票（公交卡充值发票）。发票上注明不含税金额为 2 000 元，税率栏为"无税"，增值税为 0 元。可抵扣的进项税额为 0 元。

（4）取得的航空运输电子客票行程单显示票价 3 000 元，燃油附加费 270 元，机场建设费 50 元，合计 3 320 元。可抵扣的进项税额 =（3 000+270）÷（1+9%）×9%=270（元）。

（5）取得的高铁车票，车票上注明金额为 981 元。可抵扣的进项税额 = 981÷（1+9%）×9%=81（元）。

（6）取得的客车发票，发票金额为 2 236 元，其中有 1 000 元的发票无旅客身份信息。可抵扣的进项税额 =（2 236–1 000）÷（1+3%）×3%=36（元）。

（7）取得的收费公路通行费电子发票，注明的税额为 56.8 元。可抵扣的进项税额为 56.8 元。

（8）取得的住宿费增值税专用发票，注明不含税金额为 2 000 元，增值税为 120 元。可抵扣的进项税额为 120 元。

（9）取得的餐饮费增值税普通发票，发票金额为 1 800 元。可抵扣的进项税额为 0 元。

（10）可抵扣的增值税进项税额总额 =90+270+81+36+56.8+120= 653.8（元）。

3. 外聘人员的差旅费处理

由于业务需要，企业有时需要聘请外部专家来讲课、培训，聘请会计师事务所进行审计，购买某些服务时需要合作方相关人员往返两地等。这些情况下，企业与合作方经常会约定由企业报销相关人员的差旅费。那么，为非本企业员工提供的旅客运输服务取得的发票是否可以抵扣增值税进项税额呢？

根据规定，增值税一般纳税人购进国内旅客运输服务，其进项税额允许从销项税额中抵扣。这里是指与本企业建立了合法用工关系的雇员，发生的国内旅客运输服务允许抵扣进项税额；如果是为非本企业雇员支付旅客运输服务费用，则不得抵扣进项税额。

对此，企业需要在签订合同时改变条款内容，以达到节税效果。在签订合同时，双方可以约定相关人员的交通、住宿等差旅费由提供服务或劳务的企业承担。

【例 1-30】甲公司与乙公司签订了一份培训合同，合同约定由乙公司派相关专家来甲公司做培训指导，培训费为 30 万元，相关专家的机票费 2 万元由甲公司承担。

在这样的合同条款下，乙公司只需要开具 30 万元的培训费专用发票，对于相关专家的机票费 2 万元，甲公司不能抵扣进项税额，因为乙公司派来的专家不是甲公司的员工。

如果改变合同条款，双方约定培训费为 32 万元，由乙公司承担专家的机票费，那么甲公司取得的乙公司开具的 32 万元培训费的增值税专用发票，就可以全额抵扣增值税进项税额。

（四）需要转出的进项税额

我国增值税实行进项税额抵扣制度，通常情况下进项税额是允许抵扣的。但是按税法规定，企业购进非经营活动的货物，或者将购进货物改变其原有的用途（用于个人消费、非应税项目或集体福利等）时，进项税额不得抵扣。此时，就需要将进项税额转出，会计处理时通过"应交税费——应交增值税（进项税额转出）"科目转入有关科目，不予抵扣。

进项税额未及时转出，涉及补税的，要加收滞纳金；多报进项税额，属于偷税行为，会遭受税务处罚。因此，企业对不能抵扣的增值税进项税额应及时转出，避免遭受税务处罚。

1. 购进货物用于集体福利和个人消费

纳税人已抵扣进项税额的购进货物（不含固定资产）、劳务、服务，用于集体福利和个人消费的，应当将已经抵扣的进项税额从当期进项税额中转出；无法确定应转出进项税额的，按照当期实际成本计算应转出的进项税额。

【例1-31】某企业为一般纳税人，适用一般计税方法。8月10日，该企业购进一批商品准备用于销售，取得的增值税专用发票上列明商品价值100 000元、增值税进项税额13 000元，于当月认证抵扣。9月，企业将所购进的该批商品全部用于职工食堂。

该企业将已抵扣进项税额的购进货物用于集体福利的，应于发生的当月将已抵扣的13 000元进项税额转出。

借：应付职工薪酬——职工福利费　　　　　　　　113 000

　　贷：原材料　　　　　　　　　　　　　　　　100 000

　　　　应交税费——应交增值税（进项税额转出）　　13 000

另外，若该企业维修内部职工运动设施消耗已购的生产用原材料50 000元，其中购买原材料时抵扣进项税额6 500元，应于领用原材料时将已抵扣的进项税额转出。

```
借:应付职工薪酬——职工福利费(设施维修)      56 500
    贷:原材料                                   50 000
        应交税费——应交增值税(进项税额转出)     6 500
```

2. 购进货物发生非正常损失

当纳税人购进的货物发生因管理不善造成被盗、丢失、霉烂变质,或因违反法律法规造成依法没收、销毁、拆除情形时,其购进货物,以及相关的加工修理修配劳务和交通运输服务所抵扣的进项税额应转出。

【例 1-32】某企业为一般纳税人,提供设计服务,适用一般计税方法。7 月,该企业购进一批商品,取得的增值税专用发票上列明货物金额 200 000 元(增值税 26 000 元),运费 10 000 元(增值税 900 元),并于当月认证抵扣。9 月,该企业因管理不善造成上述商品全部丢失。

企业购进货物因管理不善造成的丢失,应于发生的当月将已抵扣的货物及运输服务的进项税额转出。账务处理如下。

应转出的进项税额 =26 000+900 =26 900(元)

```
借:待处理财产损溢——待处理流动资产损失      236 900
    贷:库存商品                               210 000
        应交税费——应交增值税(进项税额转出)    26 900
```

3. 在产品、产成品发生非正常损失

当纳税人的在产品、产成品因管理不善造成被盗、丢失、霉烂变质,或因违反法律法规造成依法没收、销毁、拆除等情形时,其耗用的购进货物(不包括固定资产),以及相关的加工修理修配劳务和交通运输服务所抵

扣的进项税额应转出。无法确定应转出进项税额的，按照当期实际成本计算应转出的进项税额。

【例1-33】某企业为一般纳税人，适用一般计税方法。8月，该企业某批次在产品的60%因违反国家法律法规被依法没收，该批次在产品所耗用的购进货物成本为300 000元（增值税税率13%），已于购进当月认证抵扣。

根据规定，纳税人在产品因违反国家法律法规被依法没收的，应于发生的当月将所耗用的购进货物及运输服务的进项税额转出。

应转出的进项税额 = 300 000×13%×60% =23 400（元）

借：待处理财产损溢——待处理流动资产损失		203 400
贷：在产品		180 000
应交税费——应交增值税（进项税额转出）		23 400

4. 适用一般计税方法的纳税人兼营简易计税方法计税项目、免税项目

适用一般计税方法的纳税人，兼营简易计税方法计税项目、免税项目而无法划分不得抵扣的进项税额，应按照下列公式计算不得抵扣的进项税额。

不得抵扣的进项税额 = 当期无法划分的全部进项税额 ×（当期简易计税方法计税项目销售额 + 免征增值税项目销售额）÷ 当期全部销售额

这里需要注意，《财政部 国家税务总局关于全面推开营业税改征增值税试点的通知》（财税〔2016〕36号）附件1第二十七条对不得抵扣进项税额的情形做了规定，包括用于简易计税方法计税项目、免征增值税项目、集

体福利或个人消费的购进货物、加工修理修配劳务、服务、无形资产和不动产。其中涉及的固定资产、无形资产、不动产，仅指专门用于上述项目的固定资产、无形资产（不包括其他权益性无形资产）、不动产。

【例1-34】某企业为一般纳税人，提供货物运输服务和装卸搬运服务，其中货物运输服务适用一般计税方法，装卸搬运服务选择适用简易计税方法。该企业7月缴纳当月电费11.3万元，取得增值税专用发票并于当月认证抵扣，且该进项税额无法在货物运输服务和装卸搬运服务间划分。该企业当月取得货物运输收入7万元，装卸搬运服务收入3万元。

根据规定，纳税人因兼营简易计税方法计税项目而无法划分所取得进项税额的，按照下列公式计算应转出的进项税额。

应转出的进项税额 =113 000÷（1+13%）×13% ×30 000÷（70 000+30 000）=3 900（元）

借：管理费用　　　　　　　　　　　　　　　　　　　　　3 900

　　贷：应交税费——应交增值税（进项税额转出）　　　　　　3 900

（五）充分享受"加计抵减"优惠政策

加计抵减，是一种针对部分服务行业，抵减增值税应纳税额的税收优惠计算方法。这个概念在《财政部 税务总局 海关总署关于深化增值税改革有关政策的公告》（财政部 税务总局 海关总署公告2019年第39号）中首次提出，目前该优惠政策已延续到2023年12月31日。

根据《财政部 税务总局关于明确增值税小规模纳税人减免增值税等政

策的公告》（财政部 税务总局公告 2023 年第 1 号），自 2023 年 1 月 1 日至 2023 年 12 月 31 日，允许生产性服务业纳税人按照当期可抵扣进项税额加计 5% 抵减应纳税额。生产性服务业纳税人，是指提供邮政服务、电信服务、现代服务、生活服务取得的销售额占全部销售额的比重超过 50% 的纳税人。允许生活性服务业纳税人按照当期可抵扣进项税额加计 10% 抵减应纳税额。生活性服务业纳税人，是指提供生活服务取得的销售额占全部销售额的比重超过 50% 的纳税人。

1. 适用条件

（1）行业适用基本标准

适用加计抵减政策的必须是从事或主要从事邮政服务、电信服务、现代服务、生活服务（以下简称"四项服务"）的纳税人。没有发生四项服务的纳税人则不涉及。

判断企业是否符合四项服务的具体范围，可以参照《销售服务、无形资产、不动产注释》（财税〔2016〕36 号文件印发）。

（2）纳税人身份适用标准

加计抵减政策只适用于符合条件的增值税一般纳税人。小规模纳税人即使四项服务销售额占比符合条件，也不能享受加计抵减政策。

只有适用一般计税方法的纳税人才能计提加计抵减额，抵减其一般计税项目的应纳税额。一般纳税人适用或选择适用简易计税方法，不能享受加计抵减政策。

需要注意的是，虽然加计抵减政策只适用于一般纳税人，但在确定主营业务时参与计算的销售额，不仅指纳税人在登记为一般纳税人以后的销售额，其在小规模纳税人期间的销售额也参与计算。

（3）销售额判断的标准

适用加计抵减 5% 政策的条件是提供四项服务取得的销售额占全部销售额的比重超过 50%。其中，邮政服务、电信服务、现代服务、生活服务的具体范围按照《销售服务、无形资产、不动产注释》执行。

适用加计抵减 10% 政策的，纳税人应是生活服务业纳税人，且需满足其提供生活服务取得的销售额占全部销售额的比重超过 50% 这一条件。即便纳税人还兼营了四项服务中的其他应税行为，也只能以纳税人取得的生活服务销售额作为分子除以当期全部的销售额，计算确认销售额的比重是否超过 50%，判断其是否可以适用加计抵减政策。生活服务是指为满足城乡居民日常生活需求提供的各类服务活动，包括文化体育服务、教育医疗服务、旅游娱乐服务、餐饮住宿服务、居民日常服务和其他生活服务。销售额确认的几种情形如表 1-2 所示。

表 1-2　销售额确认的几种情形

相关情形	说明
小规模纳税人登记为一般纳税人	确定纳税人销售额占比时，其在小规模纳税人期间的销售额应涵盖在内
既有境内销售收入，又有出口业务	销售额的确认无须剔除其出口销售额（即包括免、抵、退办法出口销售额）
适用差额征税政策	按照扣除后的差额确认销售额并计算比重
因稽查查补销售额和纳税评估需要调整销售收入	应将调整的收入计入查补税款申报当月（或当季度）的销售额（不计入税款所属期销售额）
既有简易计税方法计税项目，又有一般计税方法计税项目	应包括按照一般计税方法计税的销售额和按照简易计税方法计税的销售额
享受增值税即征即退优惠政策	既包括一般项目的销售额，也包括即征即退项目的销售额
取得免税销售额	不需要剔除免税销售额

可见，在具体判断是否属于适用加计抵减政策的四项服务纳税人时，统一采用销售额占比法判断。按照不同纳税人的具体情况，在规定的计算期内，按照提供四项服务取得的合计销售额占全部销售额的比重是否超过50%作为分界线：超过的，适用加计抵减政策；未超过（含50%）的，则不得加计抵减。计算公式如下。

四项服务销售额占比 = 计算期内的四项服务合计销售额 ÷

计算期内的全部销售额 × 100%

参与计算的销售额均按应征增值税销售额计算，包括自行纳税申报销售额、稽查查补销售额和纳税评估调整销售额。其中，纳税申报销售额包括一般计税方法销售额，简易计税方法销售额，免税销售额，税务机关代开发票销售额，免、抵、退办法出口销售额，即征即退项目销售额。适用增值税差额征税政策的，以差额后的销售额确定适用加计抵减政策。

【例 1-35】A 公司是一家旅游服务企业。按照规定，A 公司适用差额征税政策，以差额为基础确认销售额，计算缴纳增值税。A 公司在计算销售额占比时，会议展览销售额为 50 万元，销售货物的销售额为 80 万元，提供旅游服务所收取的全部价款和价外费用共 200 万元，扣除门票费等费用后的余额为 30 万元。其是否适用加计抵减政策？

生活服务销售额占比 =30 ÷（50+80+30）× 100%=18.75%

经过计算，其生活服务销售额占比未超过 50%，不能适用加计抵减政策。

实务中，部分纳税人因稽查查补销售额和纳税评估，需要调整销售收入。此时，纳税人应将调整的收入计入查补税款申报当月（或当季度）的销售额（不计入税款所属期销售额），计算四项服务销售额或生活服务销售额的比重。

【例1-36】B公司是一家设计公司。经税务机关评估调整，2023年1月，B公司需补充确认销售额110万元，并应补缴增值税6.6万元。该公司于2023年2月将补缴的6.6万元增值税申报缴纳入库。这种情况下，110万元销售额应并入B公司2023年2月的销售额，进行后续计算。

另外，需要注意的是，计算期内小规模纳税人发生的销售额同样参与销售额占比计算，但取得的属于不征收增值税的收入（如被保险人获得的保险赔付等）不参与计算。

【例1-37】C公司是2023年1月设立的服务性企业，2023年3月登记为一般纳税人。根据规定，一般纳税人在属于小规模纳税人期间的销售额也需要参与计算，其计算销售额占比的期间为2023年1月至2023年3月。

对于既有境内销售收入又有出口业务的企业来说，销售额的确认无须剔除其出口销售额（即包括免、抵、退办法出口销售额）。但需要说明的是，按照规定，纳税人出口货物劳务、发生跨境应税行为不适用加计抵减政策，其对应的增值税进项税额不得计提加计抵减额。

【例1-38】D公司是一家软件开发企业。在计算销售额占比的时间段内，国内货物销售额为500万元，出口研发服务销售额为200万元，国内四项服务销售额为 700 万元。此时，D 公司四项服务销售额占全部销售额的比重 =（200+700）÷（500+200+700）× 100%=64.29%，可以享受加计抵减政策。

2. 具体判定

（1）"后看三个月"

加计抵减政策实施后设立的纳税人，自设立之日起三个月的销售额符合条件的，自登记为一般纳税人之日起适用加计抵减政策。累计销售额计算时考虑顺延无销售额的期间。

【例 1-39】A 公司 2022 年 4 月 1 日设立，2022 年 5 月登记为一般纳税人，计算销售额占比的期间为 2022 年 4 月—2022 年 6 月。

【例 1-40】B 公司是一家研发企业，于 2022 年 4 月设立，4—7 月投入研发，销售额均为 0，自 8 月起才有销售额。其计算销售额占比的期间为 2022 年 8 月—2022 年 10 月。

【例 1-41】某公司 2021 年 7 月 1 日成立并登记为一般纳税人，2021 年 7 月至 2022 年 2 月取得了进项税额，但销售收入为 0。2022 年 3 月至 5 月发生销售行为，且四项服务销售额占比超过 50%。

根据规定，2019 年 4 月 1 日后设立的纳税人，设立起三个月均无销售额的，其销售额比重计算期间为取得销售额起的三个月。该公司 2022 年 3 月至 5 月销售额占比符合条件，因此 2022 年符合加计抵减的条件，2021 年不符合。

（2）"明年看今年"

纳税人确定适用加计抵减政策后，当年内不再调整，以后年度是否适用，应根据上一年度销售额计算确定。也就是说，加计抵减政策按年适用、按年动态调整，一旦确定适用与否，当年不再调整。到了下一年度，纳税人需要以上一年度四项服务销售额占比来重新确定该年度能否适用加计抵减政策。这里的年度是指会计年度，而不是连续 12 个月的概念。

【例 1-42】某公司于 2022 年 5 月 10 日成立并登记为一般纳税人，5—7 月四项服务的销售额占比未超过 50%，6—8 月的销售额占比超过了 50%。由于取得销售额起的三个月（5—7 月）销售额占比未达标，因此 2022 年不能适用加计抵减政策。

这里需要注意，纳税人除发生跨年计算判断适用加计抵减政策的特殊情形外，实行按年判断、按销售额占比确定是否适用加计抵减政策，并在当年度内（指会计年度）不再调整。政策出台的以后年度是否适用，则根据上一年度全年四项服务销售额占比计算确定，主要包括以下两种情形：

第一，上一年度根据规则判断不适用加计抵减政策，但按全年销售额重新计算符合条件的，则次年可以适用；

第二，上一年度根据规则判断已经适用加计抵减政策，但按全年销售额重新计算不符合条件的，则次年不得适用。

需要注意的是，一旦根据上一年度的销售额占比确定是否适用之后，不再根据当年度的销售额结构变化进行调整。

【例 1-43】D 公司于 2022 年 5 月 10 日成立并登记为一般纳税人，5—7 月提供邮政服务、电信服务、现代服务、生活服务的销售额占全部销售额的比重未超过 50%，但是 5—12 月的比重超过了 50%，能否适用加计抵减政策？

根据规定，2019 年 4 月 1 日后设立的纳税人，自设立之日起三个月的销售额符合规定条件的，自登记为一般纳税人之日起适用加计抵减政策。本例中，D 公司自设立之日起三个月（2022 年 5—7 月）的四项服务销售额占比不符合规定，2022 年不能适用加计抵减政策。2023 年可以根据上一年的实际情况重新确认能否适用该政策。D 公司 2022 年的四项服务销售额占比超过了 50%，因此，2023 年可以适用加计抵减政策。

为确保纳税人充分享受加计抵减政策，如果纳税人满足加计抵减条件，但因各种原因未及时计提加计抵减额的，允许纳税人后续补充计提。补充计提的加计抵减额不再追溯抵减和调整前期的应纳税额，但可抵减后续月份的应纳税额。

【例 1-44】某公司 2022 年适用加计抵减政策，且截至 2022 年年底还有 100 万元的加计抵减额余额尚未抵减完。2022 年该公司因经营业务调整，2023 年不再适用加计抵减政策，那么这 100 万元的加计抵减额余额如何处理？

该公司 2023 年不再适用加计抵减政策，则 2023 年该公司不得再计提加计抵减额。但是，其 2022 年未抵减完的 100 万元，是可以在 2023 年继续抵减的。

（3）计提范围限制

《财政部 税务总局 海关总署关于深化增值税改革有关政策的公告》（财

政部 税务总局 海关总署公告 2019 年第 39 号）规定：

当期计提加计抵减额 ＝ 当期可抵扣进项税额 ×5%（或 10%）

当期可抵减加计抵减额 ＝ 上期末加计抵减额余额 ＋ 当期计提加计抵减额 −

当期调减加计抵减额

当期调减加计抵减额是指已计提加计抵减额的进项税额按规定做进项税额转出的，在进项税额转出当期相应应调减的加计抵减额。

允许计提加计抵减额的进项税额必须是享受加计抵减政策期间包含全部一般计税项目的，按照现行增值税规定准予抵扣的全部进项税额，包括新纳入抵扣范围的国内旅客运输服务、农产品生产销售一般纳税人适用加计抵减政策的加计抵扣税额（注意：加计抵减额不得参与加计抵扣计算）。

对用于简易计税方法计税项目、免征增值税项目、集体福利或者个人消费的购进货物、劳务、服务、无形资产和不动产以及其他规定情形而不得抵扣的进项税额，同样不得加计抵减。已计提加计抵减额的进项税额，按规定做进项税额转出的，应在进项税额转出当期相应调减加计抵减额。

【例 1-45】某企业于 2022 年 12 月设立并登记为一般纳税人，2023 年 4 月根据规定符合生活性服务业纳税人加计抵减政策条件。该企业 2023 年 4 月发生增值税抵扣情况如下：期初留抵税额 10 万元，用于生活服务的进项税额 80 万元，用于其他一般应税项目的进项税额 30 万元，因改变用途按规定转出进项税额 10 万元。计提加计抵减额如下。

当期计提加计抵减额 ＝ 当期可抵扣进项税额 ×10%

＝（80+30−10）×10%=10（万元）

需要注意，期初留抵税额不参与当期加计抵减额计算。

（4）跨境出口不享受加计抵减政策

纳税人出口货物劳务、发生跨境应税行为（以下简称"跨境出口"）不适用加计抵减政策，其对应的进项税额不得计提加计抵减额。需要注意的是，跨境出口无论是适用退税、免税还是征税政策，均不予加计抵减。

若纳税人兼营出口货物劳务、发生跨境应税行为且无法划分不得计提加计抵减额的进项税额，按照以下公式计算。

不得计提加计抵减额的进项税额 = 当期无法划分的全部进项税额 ×
当期出口货物劳务和发生跨境应税行为的销售额 ÷ 当期全部销售额

需要提醒的是，对于兼营简易计税方法计税项目、免征增值税项目而无法划分不得抵扣进项税额的，也需要按销售比例（或其他方法）分摊。

【例1-46】某企业是新纳税人，2023年2月已经确认可以享受生产性服务业纳税人加计抵减政策。当月企业发生符合规定的进项税额：专门用于内销四项服务的进项税额100万元，专门用于内销四项服务之外项目的进项税额50万元，专门用于跨境出口的进项税额20万元，既用于内销又用于跨境出口且无法划分的进项税额30万元。当月全部销售额500万元，其中跨境出口销售额200万元。则其加计抵减额计算如下。

（1）专门用于内销的进项税额150（100+50）万元可以计提加计抵减额，专门用于跨境出口的进项税额20万元不得计提加计抵减额。

（2）既用于内销又用于跨境出口且无法划分的进项税额30万元需按照销售比例进行分摊。

不得计提加计抵减额的进项税额 = 当期无法划分的全部进项税额 ×
当期出口货物劳务和发生跨境应税行为的销售额 ÷ 当期全部销售额 =

30×200÷500=12（万元）

（3）当期计提加计抵减额计算。

当期计提加计抵减额＝当期可抵扣进项税额 ×5%=（100+50+30–12）×5%=8.4（万元）

（5）抵减方法

纳税人应在按照现行规定计算一般计税方法下的应纳税额后，区分以下情形加计抵减进项税额。

①抵减前的应纳税额等于零的，当期可抵减加计抵减额全部结转下期抵减。

②抵减前的应纳税额大于零，且大于当期可抵减加计抵减额的，当期可抵减加计抵减额全额从抵减前的应纳税额中抵减。

③抵减前的应纳税额大于零，且小于或等于当期可抵减加计抵减额的，以当期可抵减加计抵减额抵减应纳税额至零；未抵减完的当期可抵减加计抵减额，结转下期继续抵减。

3. 纳税筹划

（1）分别核算

纳税人既有一般计税方法计税项目，又有简易计税方法计税项目的，一定要分别核算，只有一般计税方法计税项目才可以享受进项税额的抵减政策。

【例 1-47】某企业满足生活性服务业纳税人加计抵减 10% 优惠政策的条件。2023 年 1 月，该企业一般计税方法计税项目销项税额为 150 万元，进项税额为 100 万元，上期留抵税额 10 万元；出租房产适用简易计税方法，收入额 60 万元（不含税价），征收率 5%；上期结转的加计抵减额余额 5 万元。不考虑其他涉税事项，该企业当期应如何计算缴纳增值税？

（1）一般计税方法计税项目

抵减前应纳税额 =150–100–10=40（万元）

当期可抵减的加计抵减额 =100×10%+5=15（万元）

抵减后的应纳税额 =40–15=25（万元）

可结转下期抵减的加计抵减额 =0

（2）简易计税方法计税项目

应纳税额 =60×5%=3（万元）

（3）应纳税额合计

一般计税方法计税项目应纳税额 + 简易计税方法计税项目应纳税额 =25+3=28（万元）

【例 1–48】某企业为增值税一般纳税人，2022 年度提供现代服务取得的销售额占当年全部销售额的比重超过了 50%，2023 年度适用 5% 加计抵减政策。

2023 年 2 月，该企业适用一般计税方法计算的销项税额为 0，进项税额为 500 000 元；适用简易计税方法计算的应纳税额为 20 000 元。同时假设 2 月无其他应税业务，且无期初留抵余额和加计抵减额余额。不考虑其他因素。该企业 2 月应纳税额为多少？

2023 年 2 月加计抵减额 =500 000×5%=25 000（元）。

加计抵减额只能抵减一般计税方法下的应纳税额，不能抵减当期简易计税方法下的应纳税额。因此，2023 年 2 月应纳税额为简易计税方法下的 20 000 元。可结转下期抵减的加计抵减额为 25 000 元。

（2）提前规划

纳税人在纳税筹划时，需要做好事前判断并提前规划，尤其是对于一些有时限要求、合规要求的税收优惠政策，更需要根据政策要求进行合理的规划，以合法获取节税效益。

【例 1-49】某生产服务企业兼营商品销售。2022 年 5 月设立并登记为一般纳税人，5—7 月由于服务业务处于起步阶段，仅取得服务类（设计服务）销售额 30 万元，同时取得商品销售额 40 万元。8 月开始，服务业务步入正轨，8—12 月服务类销售额达到 570 万元，商品销售额 160 万元。全年销项税额 62 万元，因添置设备、采购商品等抵扣进项税额 42 万元。由于5—7 月设计服务销售额占比为 42.86%，不能享受加计抵减政策，全年需缴纳增值税 20 万元。

这个案例中，如果该企业 5—7 月的商品销售额在 30 万元以下（如 29 万元），则可以享受加计抵减政策。

【例 1-50】某企业是增值税一般纳税人。经财务部测算，截至 2022 年 11 月企业累计总销售额为 2 000 万元，其中符合加计抵减政策的技术服务销售额为 800 万元。12 月，因资金紧张，企业经与客户友好协商，将原已达成意向的货物销售额 500 万元推迟到 2023 年年初支付，最终 2022 年 12 月实现总销售额 800 万元（其中符合加计抵减政策的技术服务销售额为 700 万元）。

这样，企业 2022 年度四项服务销售额的比重 =（800+700）÷（2 000+800）×100%=53.57%，企业在 2023 年度可以继续享受加计抵减政策。

【例 1-51】某企业是增值税一般纳税人，2021 年度申报享受了加计抵减政策。由于经营环境变化及企业转型，预计企业 2022 年度无法达到加计抵减政策的要求。2022 年 12 月，因生产需要，企业提前购置了原定于 2023 年购置的生产设备并投入使用（可抵扣进项税额为 650 万元），同时采购了一批商品材料（可抵扣进项税额为 580 万元）。

由于 2022 年度企业可享受加计抵减政策，通过上述操作可计提加计抵减额 =（650+580）×5%=61.5（万元），从而减轻了企业税负。

可见，根据已知的财税优惠政策进行合理筹划是可取的做法。纳税人应在加计抵减政策享受期内尽可能合法合规地享受优惠政策。例如，对于本身需要购置的设备、不动产等，可以筹划在政策适用期购置并抵扣进项税额，增加加计抵减额；为了符合政策要求达到享受优惠的条件，纳税人可以对经营计划做适当调整。当然，所有的纳税筹划活动都必须合法合规，不得采用虚假手段骗取适用加计抵减政策或虚增加计抵减额，否则就构成了偷税、漏税，得不偿失。

4. 加计抵减的会计处理

加计抵减本质上属于政府补助，与留抵退税不同，其要记入"其他收益"科目。

财政部会计司就进项税额加计抵减的会计处理进行了明确：生产、生活性服务业纳税人取得资产或接受劳务时，应当按照《增值税会计处理规定》的相关规定对增值税相关业务进行会计处理；实际缴纳增值税时，按应纳税额借记"应交税费——未交增值税"等科目，按实际纳税金额贷记"银行存款"科目，按加计抵减的金额贷记"其他收益"科目。

根据以上解读及财会〔2016〕22 号的规定，生产、生活性服务业纳税人取得资产或接受劳务时的具体会计处理如下。

（1）购入应税货物或服务

不考虑加计抵减部分，所取得的增值税进项税额正常入账，记入"应交税费——应交增值税（进项税额）"科目。

（2）缴纳当月应交增值税

企业将当月应交未交的增值税自"应交增值税"明细科目转入"未交增值税"明细科目。

借：应交税费——应交增值税（转出未交增值税）

　　贷：应交税费——未交增值税

实际缴纳增值税时，进行以下处理。

借：应交税费——未交增值税

　　贷：银行存款

　　　　其他收益（当期可抵减加计抵减额）

当期不足抵减的金额不涉及会计处理，需要纳税人自行设立台账进行登记。

（3）冲回抵减税额

如果作为加计抵减基数的进项税额发生转出，相应的抵减额要冲回。

借：其他收益

　　贷：应交税费——未交增值税

需要注意的是，企业加计抵减形成的"其他收益"入账金额，应与增值税纳税申报表附列资料（四）第6行"一般项目加计抵减额计算"的"本期实际抵减额"列的金额相匹配。"本期实际抵减额"列的金额可按照本期可抵减额计算填列。

企业应做好进项税额加计抵减台账，防止出现进项税额重复抵扣或不得抵扣进项税额加计抵减的情况；企业进项税额加计抵减部分计入其他收益，将涉及所得税的计算缴纳。此外，基于加计抵减会增加企业总收入金额，企业还应注意加计抵减额是否对享受小型微利企业所得税优惠造成影响。

【例 1-52】某企业适用生活性服务业纳税人加计抵减（10%）政策，2023 年 2 月可抵扣进项税额 50 万元，其中包括取得增值税专用发票的进项税额 40 万元，购进农产品计算扣除的进项税额 10 万元。购进的农产品中，10% 用于集体福利，则可以加计抵扣的进项税额 =（40+10×90%）×10%=4.9（万元）。

借：应交税费——未交增值税   49 000

贷：其他收益   49 000

假设当期应交增值税不足 49 000 元，则差额部分结转以后抵减。

（六）别忽视留抵退税大利好

增值税当期应纳税额，等于当期销项税额减去当期进项税额。在现行增值税制度下，如果一家企业纳税期内的增值税销项税额小于进项税额，就会形成留抵税额。

简单来说，留抵税额主要是纳税人进项税额和销项税额在时间上不一致造成的，如：集中采购原材料和存货，尚未全部实现销售；筹建期间大规模采购却暂时没有收入；等等。此外，在多档税率并存的情况下，销项适用税率低于进项适用税率，也可能形成留抵税额。

根据《财政部 税务总局关于进一步加大增值税期末留抵退税政策实施力度的公告》（财政部 税务总局公告 2022 年第 14 号，以下简称"14 号公告"）、《国家税务总局关于进一步加大增值税期末留抵退税政策实施力度有关征管事项的公告》（国家税务总局公告 2022 年第 4 号），2022 年 4 月 1 日起实施大规模增值税留抵退税政策，符合条件的微型企业可以申请一次性退还存量留抵税额，符合条件的小微企业、制造业等 6 个行业企业还可以向主管税务机关申请全额退还增量留抵税额。

1. 适用条件

办理留抵退税的小微企业、制造业等行业纳税人，需同时符合以下条件。

第一，纳税信用等级为 A 级或者 B 级。

（1）当前纳税信用等级不是 A 级或 B 级，还有机会享受增值税留抵退税政策。税务机关于 2022 年 4 月发布 2021 年度的纳税信用评价结果。当前纳税信用等级不是 A 级或 B 级的纳税人，在 2021 年度的纳税信用评价中，达到纳税信用 A 级或 B 级的，可按照新的纳税信用等级确定是否符合申请留抵退税条件。

（2）纳税人申请增值税留抵退税，以纳税人向主管税务机关提交《退（抵）税申请表》时点的纳税信用等级确定是否符合申请留抵退税条件。已完成退税的纳税信用 A 级或 B 级纳税人，因纳税信用年度评价、动态调整等原因，纳税信用等级不再是 A 级或 B 级的，其已取得的留抵退税款不需要退回。

第二，申请退税前 36 个月未发生骗取留抵退税、骗取出口退税或虚开增值税专用发票情形。

第三，申请退税前 36 个月未因偷税被税务机关处罚两次及以上。

第四，2019 年 4 月 1 日起未享受即征即退、先征后返（退）政策。

2. 适用对象

（1）小微企业

小型企业和微型企业按照《中小企业划型标准规定》（工信部联企业〔2011〕300 号）和《金融业企业划型标准规定》（银发〔2015〕309 号）中的营业收入指标、资产总额指标确定。

上述规定所列行业企业中未采用营业收入指标或资产总额指标的，以及未列明的行业企业，微型企业标准为增值税销售额（年）100 万元以下（不含 100 万元），小型企业标准为增值税销售额（年）2 000 万元以下（不含 2 000 万元）。

（2）制造业等行业企业

制造业等行业企业，是指从事《国民经济行业分类》中"制造业""科学研究和技术服务业""电力、热力、燃气及水生产和供应业""软件和信息技术服务业""生态保护和环境治理业""交通运输、仓储和邮政业"业务相应发生的增值税销售额占全部增值税销售额的比重超过 50% 的纳税人。

需要说明的是，如果一个纳税人从事上述多项业务，应以相关业务增值税销售额加总计算销售额占比，从而确定是否属于制造业等行业纳税人。

【例 1-53】某企业 2021 年 5 月至 2022 年 4 月期间共取得销售额 1 000 万元。其中，生产销售设备销售额 500 万元，提供交通运输服务销售额 200 万元，提供建筑服务销售额 300 万元。该纳税人在 2021 年 5 月至 2022 年 4 月期间发生的制造业等行业销售额占比为 70%〔（500+200）÷ 1 000×100%〕。因此，该企业当期属于制造业等行业纳税人。

3. 申请时间

符合条件的小微企业和制造业等行业企业，申请存量留抵退税的起始时间如下：

（1）微型企业，可以自 2022 年 4 月纳税申报期起向主管税务机关申请一次性退还存量留抵税额；

（2）小型企业，可以自 2022 年 5 月纳税申报期起向主管税务机关申请一次性退还存量留抵税额；

（3）制造业等行业中的中型企业，可以自 2022 年 7 月纳税申报期起向主管税务机关申请一次性退还存量留抵税额；

（4）制造业等行业中的大型企业，可以自 2022 年 10 月纳税申报期起向主管税务机关申请一次性退还存量留抵税额。

需要说明的是，上述时间为申请一次性存量留抵退税的起始时间，当期未申请的，以后纳税申报期也可以按规定申请。

4. 进项构成比例

进项构成比例，其实就是计算留抵退税的时候需要乘的一个比例。

$$允许退还的留抵税额 = 留抵税额 \times 进项构成比例 \times 100\%$$

根据 14 号公告，进项构成比例，为 2019 年 4 月至申请退税前一税款所属期已抵扣的增值税专用发票（含带有"增值税专用发票"字样全面数字化的电子发票、税控机动车销售统一发票）、收费公路通行费增值税电子普通发票、海关进口增值税专用缴款书、解缴税款完税凭证注明的增值税额占同期全部已抵扣进项税额的比重。

需要说明的是，上述计算进项构成比例的规定，不仅适用于 14 号公告规定的留抵退税政策，同时也适用于《财政部 税务总局 海关总署关于深化增值税改革有关政策的公告》（财政部 税务总局 海关总署公告 2019 年第 39 号）规定的留抵退税政策。

通俗点说，按目前政策，实际上计算进项构成比例的分母和分子已经高度重复，区别主要在于分母（也就是全部已抵扣进项税额）比分子多了这几个部分：农产品收购发票、过桥过闸通行费发票和国内旅客运输服务增值税电子普通发票。因此，分母会稍微比分子大一点（当然如果主要业务是农产品收购就不一样了），相当于在退税的时候要对农产品收购发票和过桥过闸通行费发票这些项目进行扣除。

此外，根据《国家税务总局关于进一步加大增值税期末留抵退税政策实施力度有关征管事项的公告》（国家税务总局公告 2022 年第 4 号）第二条，在计算允许退还的留抵税额的进项构成比例时，纳税人在 2019 年 4 月至申请退税前一税款所属期内按规定转出的进项税额，无须从已抵扣的增值税专用发票（含带有"增值税专用发票"字样全面数字化的电子发票、税控机动车销售统一发票）、收费公路通行费增值税电子普通发票、海关进口增值税专用缴款书、解缴税款完税凭证注明的增值税额中扣减。也就是说，在此期间已经转出的进项税额不用扣减。

【例 1-54】某制造业纳税人 2019 年 4 月至 2022 年 3 月取得的进项税额中，增值税专用发票 700 万元，道路通行费电子普通发票 50 万元，海关进口增值税专用缴款书 150 万元，农产品收购发票抵扣进项税额 100 万元。2021 年 12 月，该纳税人因发生非正常损失，此前已抵扣的增值税专用发票中，有 30 万元进项税额按规定做进项税额转出。那么，该纳税人在 2022 年 4 月按照 14 号公告的规定申请留抵退税时，进项构成比例为 90%。具体计算公式如下：

进项构成比例＝（700+50+150）÷（700+50+150+100）×100%=90%

转出的进项税额 30 万元，在上述计算公式的分子、分母中均无须扣减。

【例 1-55】B 公司是制造业增值税一般纳税人，留抵退税划型为微型企业。2019 年 3 月（税款所属期）期末留抵税额为 100 万元，2022 年 3 月（税款所属期）期末留抵税额为 80 万元，2019 年 4 月至 2022 年 3 月取得的进项税额中，增值税专用发票 550 万元，道路通行费电子普通发票 50 万元，海关进口增值税专用缴款书 200 万元，农产品收购发票抵扣进项税额 200 万元。2022 年 2 月，该公司因发生非正常损失，此前已抵扣的增值税专用发票中，有 80 万元进项税额按规定做进项税额转出。

那么，B 公司在 2022 年 4 月申请留抵退税时，进项构成比例＝（550+50+200）÷（550+50+200+200）×100%=80%。进项构成比例计算公式的分子、分母均无须扣减 2022 年转出的进项税额 80 万元。B 公司符合 14 号公告第三条规定的留抵退税的条件，当期期末留抵税额 80 万元小于 2019 年 3 月期末留抵税额 100 万元，增量留抵税额为 0，存量留抵税额为当期期末留抵税额，可退还的存量留抵税额 =80×80%×100%=64（万元）。

5. 留抵税额的确定

（1）申请退还的存量留抵税额的确定

允许退还的存量留抵税额 = 存量留抵税额 × 进项构成比例 ×100%

①纳税人获得一次性存量留抵退税前，当期期末留抵税额大于或等于 2019 年 3 月 31 日期末留抵税额的，存量留抵税额为 2019 年 3 月 31 日期末留抵税额；当期期末留抵税额小于 2019 年 3 月 31 日期末留抵税额的，存

量留抵税额为当期期末留抵税额。

②纳税人获得一次性存量留抵退税后，存量留抵税额为零。

【例1-56】某微型企业2019年3月31日的期末留抵税额为100万元，2022年4月申请一次性存量留抵退税时（假设进项构成比例为100%）：

（1）如果当期期末留抵税额为150万元，该企业的存量留抵税额为100万元；

（2）如果当期期末留抵税额为60万元，该企业的存量留抵税额为60万元。

该企业在2022年4月获得存量留抵退税后，将再无存量留抵税额。

（2）申请退还的增量留抵税额的确定

允许退还的增量留抵税额＝增量留抵税额 × 进项构成比例 ×100%

①纳税人获得一次性存量留抵退税前，增量留抵税额为当期期末留抵税额与2019年3月31日相比新增加的留抵税额。

②纳税人获得一次性存量留抵退税后，增量留抵税额为当期期末留抵税额。

【例1-57】某中型企业2019年3月31日的期末留抵税额为100万元，2022年8月31日的期末留抵税额为150万元，在2022年9月纳税申报期申请增量留抵退税时：

（1）如果此前未获得一次性存量留抵退税，该企业的增量留抵税额为50（150-100）万元；

（2）如果此前已获得一次性存量留抵退税，该企业的增量留抵税额为150万元。

【例1-58】某小型企业2019年3月31日的期末留抵税额为100万元，2022年4月期末留抵税额为200万元，符合留抵退税的条件，进项构成比例为90%。企业此前未获得一次性存量留抵退税。

那么，该企业可自2022年5月纳税申报期起申请一次性退还存量留抵税额100万元，申请增量留抵退税90万元。具体计算公式如下：

允许退还的增量留抵税额＝（200–100）×90%×100%=90（万元）

6. 税收优惠的衔接

（1）与即征即退、先征后返（退）衔接

留抵退税与即征即退、先征后返（退）政策是两条线，两者不可以同时享受，只能选择其一。

根据规定，纳税人自2019年4月1日起已取得留抵退税款的，不得再申请享受增值税即征即退、先征后返（退）政策。纳税人可以在2022年10月31日前一次性将已取得的留抵退税款全部缴回后，按规定申请享受增值税即征即退、先征后返（退）政策。

纳税人自2019年4月1日起已享受增值税即征即退、先征后返（退）政策的，可以在2022年10月31日前一次性将已退还的增值税即征即退、先征后返（退）税款全部缴回后，按规定申请退还留抵税额。纳税人在2022年10月31日前将已退还的增值税即征即退、先征后返（退）税款一次性全部缴回后，即可在规定的留抵退税申请期内申请办理留抵退税。

纳税人按规定向主管税务机关申请缴回已退还的全部留抵退税款时，

可通过电子税务局或办税服务厅提交《缴回留抵退税申请表》。纳税人在一次性缴回全部留抵退税款后，可在办理增值税纳税申报时，相应调增期末留抵税额，并可继续用于进项税额抵扣。纳税人在 2022 年 10 月 31 日前将已退还的增值税留抵退税款一次性全部缴回后，即可在缴回后的增值税纳税申报期内按规定申请适用即征即退、先征后返（退）政策。

【例 1-59】某企业在 2019 年 4 月 1 日后，陆续获得留抵退税 200 万元。企业因想要选择适用增值税即征即退政策，于 2022 年 4 月 10 日向税务机关申请缴回留抵退税款，4 月 15 日，留抵退税款 200 万元全部缴回入库。

该企业在 2022 年 4 月 13 日办理 2022 年 3 月（税款所属期）的增值税纳税申报时，可在《增值税纳税申报表附列资料（二）（本期进项税额明细）》第 22 栏"上期留抵税额退税"填写"-200 万元"，将已缴回的 200 万元留抵退税款调增期末留抵税额，并用于当期或以后期间继续抵扣。

（2）与出口退税衔接

根据 14 号公告第九条，纳税人出口货物劳务、发生跨境应税行为，适用免抵退税办法的，应先办理免抵退税。免抵退税办理完毕后，仍符合本公告规定条件的，可以申请退还留抵税额。

根据《国家税务总局关于办理增值税期末留抵税额退税有关事项的公告》（国家税务总局公告 2019 年第 20 号，以下简称"20 号公告"）第九条第（二）项，纳税人在同一申报期既申报免抵退税又申请办理留抵退税的，或者在纳税人申请办理留抵退税时存在尚未经税务机关核准的免抵退税应退税额的，应待税务机关核准免抵退税应退税额后，按最近一期《增值税纳税申报表（一般纳税人适用）》期末留抵税额，扣减税务机关核准的免抵退税应退税额后的余额确定允许退还的增量留抵税额。

20号公告第五条规定，申请办理留抵退税的纳税人，出口货物劳务、跨境应税行为适用免抵退税办法的，应当按期申报免抵退税。当期可申报免抵退税的出口销售额为零的，应办理免抵退税零申报。

根据14号公告的规定，纳税人获得一次性存量留抵退税后，存量留抵税额为零，增量留抵税额为当期期末留抵税额。

【例1-60】某企业从事电子仪器制造，是出口免抵退企业（一般纳税人），留抵退税划型为小型企业。2019年3月（税款所属期）期末留抵税额为50万元，2022年3月（税款所属期）期末留抵税额为200万元，2022年4月8日核准2022年3月（税款所属期）出口免抵退应退税额30万元，符合14号公告规定的留抵退税的条件，进项构成比例为80%。

该企业可在2022年4月申请增量留抵退税，允许退还的增量留抵税额应减除当月核准的免抵退应退税额，即允许退还的增量留抵税额=（200–30–50）×80%×100%=96（万元）。

在2022年5月申请一次性退还存量留抵税额后，企业存量留抵税额为0。2022年6月起该企业转型内销业务，没有发生出口业务，2022年8月（税款所属期）期末留抵税额为130万元，那么，该企业可在2022年9月纳税申报期内申请退还增量留抵税额。由于该企业为出口免抵退企业，即使当月没有出口业务，仍应办理免抵退税零申报。假设进项构成比例为80%，可申请退还增量留抵税额=（130–0）×80%×100%=104（万元）。

7. 个体工商户相关规定

根据《国家税务总局关于进一步加大增值税期末留抵退税政策实施力

度有关征管事项的公告》（国家税务总局公告2022年第4号）第四条的规定，适用增值税一般计税方法的个体工商户，可自本公告发布之日起，自愿向主管税务机关申请参照企业纳税信用评价指标和评价方式参加评价，并在以后的存续期内适用国家税务总局纳税信用管理相关规定。

【例1–61】某个体工商户从事商品批发，2021年及以前从未参加纳税信用等级评价，2022年1月起登记为增值税一般纳税人，2022年3月（税款所属期）期末留抵税额为8万元。该个体工商户可以自愿申请参照企业纳税信用评价指标和评价方式参加纳税信用评价，假设其为留抵退税微型企业，评价结果为B级，符合其他留抵退税条件，进项构成比例为100%。

该个体工商户2022年1月才登记为增值税一般纳税人，2019年3月的期末留抵税额为0，因此存量留抵税额为0。该个体工商户可以在2022年4月申请退还2022年3月所属期的增量留抵税额8［(8–0)×100%×100%］万元。需要注意的是，该个体工商户一旦参照企业参评后，就不能退出纳税信用评价，在以后的存续期内适用国家税务总局纳税信用管理相关规定。

8. 留抵退税的选择

增值税留抵退税，可以降低企业资金占用成本，增加企业的现金流，缓解企业资金短缺等压力。但是，留抵退税不是直接减免税款，而是从当期留抵税额中减去的，后期产生一般计税方法下的销项税额后，能抵减的进项税额就没有或少了，最终也可能涉及纳税。

【例1–62】某微型企业2022年4月留抵税额是20万元，假设4月申请退了存量和增量留抵税额共计15万元，5月有一般计税方法下的销项税额 10 万元（未取得进项税额）。该企业 4 月申请留抵退税 15 万元后，4 月末留抵税额变为 5 万元，申报 5 月税款时就产生应交增值税 5（10–5）万元；若未申请留抵退税，那么申报 5 月税款时应交增值税为 0（留抵 20 万元可以抵减 5 月的销项税额）。

　　企业是否选择享受留抵退税，需要结合企业数据和后期预计数据分析决定。一般情况下，如果企业有长期留抵税额，并且金额较大，后期预计产生的销项税额不多，或者后期预计可以继续取得进项税额抵扣发票的，那么可以考虑选择退税；如果企业留抵税额金额较小，并且无资金流压力，后期将持续发生销项税额抵减，那么可以考虑不退税。

第二章

企业所得税涉税业务处理

一、合理选择企业组织形式

创办企业，首先需要考虑的是企业组织形式。企业组织形式有三种：个人独资企业、合伙企业及公司制企业。

从法律角度讲，公司制企业属法人企业，出资者以其出资额为限承担有限责任；合伙企业和个人独资企业属自然人企业，出资者需要承担无限责任。

公司制企业与合伙企业两者的纳税区别在于：公司的营业利润在企业环节课征企业所得税，税后利润以股息的形式分配给投资者，投资者又得缴纳一次个人所得税；而合伙企业的营业利润不缴纳企业所得税，只在各个合伙人分得收益时缴纳个人所得税。此外，在关于某些项目的扣除方面，税法也有不同的规定。例如，企业从业人员工资支出按计税工资标准允许税前列支，从业人员包括在公司工作的投资者；而个人独资企业、合伙企业从业人员工资支出按标准可以在税前扣除，但投资者的工资不得在税前扣除。

对于规模庞大、管理水平要求高的大企业，一般宜采用公司制企业组织形式，因为规模较大的企业筹资难度大，而且这类企业管理相对困难，经营风险大，如果采用合伙企业组织形式，很难正常、健康地运转。规模不大的企业采用合伙企业组织形式比较适合。首先，合伙企业管理难度不大，合伙共管也可以见成效；其次，合伙企业能因为享受税收上的某些优惠而获得不少利润。

【例2-1】大深酒品批发部就要开业了，经营者正在为是注册为公司制企业还是注册为合伙企业左右为难。根据预计，该酒品批发部年盈利500 000元。税务师为该经营者进行了分析（不考虑其他因素）。

（1）如按合伙人课征个人所得税，依现行税制应交个人所得税109 500元，税后利润为390 500元。

（2）如按公司课征企业所得税，由于满足小型微利企业标准，可以享受小型微利企业所得税优惠政策，应交企业所得税12 500元，企业税后利润为487 500元。假设税后利润全部作为股息分配，股东还需要缴纳个人所得税97 500元，其可得到的税后收益为390 000元，与前者相比，多负担所得税500元。

可是，由于公司制企业股东可以领取工资并税前扣除，在保证每月工资薪金所得不用缴纳个人所得税的前提下，每月最少可以发放5 000元工资，这样年应纳税所得额就可以减少60 000元。最终，企业应纳税所得额为440 000元，应交企业所得税11 000元。企业税后利润为429 000元。假设税后利润全部作为股息分配，股东还需要缴纳个人所得税85 800元，其可得到的税后收益为343 200元。加上年工资薪金所得60 000元，合计可得到的税后收益为403 200元。（注：这里不考虑个人所得税年度综合所得汇缴。）

为此，税务师建议该经营者将大深酒品批发部注册为公司制企业。

简单来说，公司制企业是按企业纳税，而合伙企业是按自然人个人纳税，合伙企业适用个人所得税的超额累进税率，计算缴纳个人所得税。当合伙企业的合伙人增加时，每个投资者分得的所得越少，适用的税率也就越低。

二、子公司和分公司

随着经营规模的不断扩大和业务发展的需要，有些企业需要成立分支机构。那么，企业应该设立子公司还是分公司，两者之间有何区别，哪种形式更能减轻企业的税收负担呢？

（一）区别

子公司是指一定数额的股份被另一公司控制或依照协议被另一公司实际控制、支配的公司。子公司拥有自己的财产、自己的公司名称、章程和董事会，以自己的名义开展经营活动、从事各类民事活动，独立承担公司行为所带来的一切后果和责任。

分公司是指一个公司管辖的分支机构，是公司在其住所地以外设立的以自己的名义从事活动的机构。分公司不具有企业法人资格，其民事责任由总公司承担，经营范围不得超过总公司规定的经营范围。分公司名称虽有"公司"字样，但并非真正意义上的公司，无自己的章程，公司名称只是在总公司名称后加上"分公司"字样。

子公司与分公司最大的区别是：子公司是独立的法律主体，具有法人资格，独立承担民事责任；分公司不是独立的法律主体，不具有法人资格，其民事责任由总公司承担。

（二）纳税差异

子公司和分公司法律地位的不同，会产生纳税差异，从而使企业的整体税负不同。

首先，子公司作为独立法律主体，可以享受当地的众多优惠政策，同时承担全面纳税义务；分公司不能被视为独立法律主体，往往只承担有限纳税义务。

其次，子公司是独立法人，发生的亏损不能算在母公司账上；分公司是非独立法人，是总公司的分支机构，其所发生的利润和亏损与总公司合并计算。

企业在设立分支机构时，应综合考虑分公司和子公司的优缺点，充分利用税收差异，谋求税后收益最大化。

一般而言，企业在异地设立分支机构采取子公司还是分公司的组织形式，应先预计企业在异地的经营活动开始时是否处于亏损阶段。如果预计亏损或较长时间无法实现盈利，可以在该地设立一个分公司，利用公司扩张成本冲抵总公司的利润，从而减轻税负；如果开始时就能有盈利或能迅速扭亏为盈，则可以设立子公司，这样可以享受税收优惠待遇，如小型微利企业的所得税优惠。

当然，在具体筹划分支机构组织形式时，还有许多应该考虑的因素，如当地税率、税基及税收优惠条件等。

对于低税国、低税地区，当地可能对具有独立法人地位的企业免征或只征收较少的企业所得税。跨国公司常常在此建立子公司。

对于税基的考虑，一般应参考纳税筹划主体自身的经营范围，应当在选择公司形式时，尽量使注册地当地征税范围与自身经营项目的交集最小。

对于税收优惠条件而言，一般都是独立公司优惠政策多，但优惠条件严格、复杂；分支公司优惠政策少，但优惠条件相对宽松。所以，在考虑设立分公司或子公司时，应充分对比筹划成本和优惠获利的大小。例如，某公司是一般纳税人，在和小规模纳税人发生业务往来时，也需要开具13% 税率的发票给对方，如果对方是小规模纳税人，即使获得 13% 税率的发票，也无法抵扣进项税额。此时，该公司可以成立一家子公司，申请作为小规模纳税人，与小规模纳税人客户发生业务往来。按照新的增值税政策，自 2023 年 1 月 1 日至 2023 年 12 月 31 日，小规模纳税人适用 3% 征收率的应税销售收入，减按 1% 征收率征收增值税。

（三）小型微利企业的优惠政策

在衡量设立子公司还是分公司时，小型微利企业的企业所得税优惠政策尤其需要引起重视。

子公司是独立法人，可以独立判定是否满足小型微利企业的条件。如果新成立的子公司符合小型微利企业的标准，即年度应纳税所得额不超过300 万元、从业人数不超过 300 人、资产总额不超过 5 000 万元、从事国家非限制和禁止行业四个条件，就可以享受小型微利企业的所得税优惠政策。根据新政策，小型微利企业的企业所得税应纳税所得额 300 万元以内的实际税率为 5%，而正常的企业所得税税率为 25%，差别非常大。

企业所得税实行的是法人税制，以法人为主体纳税。分公司不是法人，其企业所得税要与总公司合并计算缴纳。分公司是不是符合小型微利企业的标准，也要与总公司合并来判定。总公司和所有分公司汇总计算年度应纳税所得额，且从业人数、资产总额指标也符合规定，就可享受小型微利企业所得税优惠政策；单个分公司即使各项指标都符合要求，也不能享受该项优惠政策。

【例 2-2】由于业务发展良好，某餐饮企业准备在其他城市开设 10 家分店，初步预算这 10 家分店每家每年的利润不到 100 万元，并且从业人员、资产规模都满足小型微利企业的条件。那么，开设的 10 家分店是设立为分公司还是子公司更节税呢？

方案 1：设立为分公司。

由于分公司需要与总公司合并计算缴纳企业所得税，汇总后各项指标超过了小型微利企业标准，不能享受小型微利企业税收优惠政策，需要按照 25% 的税率缴纳企业所得税。因此，10 家分店合计缴纳企业所得税为 250（10×100×25%）万元。

方案 2：设立为子公司。

由于每家子公司的从业人员、资产规模、应纳税所得额、所在行业都符合小型微利企业的标准，因此可以享受小型微利企业税收优惠，按照 5% 税率缴纳企业所得税，10 家分店合计缴纳企业所得税 50（10×100×5%）万元。

综上，该餐饮企业若是开设分店，可以考虑设立为子公司。

【例 2-3】惠口公司计划在外地设立分支机构。财务部预计母公司年度利润为 1 000 万元，预计分支机构年度利润为 100 万元。此外，母公司不满足小型微利企业的标准，而分支机构满足小型微利企业的标准，可以享受小型微利企业的税收优惠。下面分别计算在成立子公司和分公司情况下总共需要缴纳的税款。

（1）设立子公司的情况下

如设立子公司，母公司不能享受小型微利企业所得税优惠，子公司可以享受小型微利企业所得税优惠。

母公司应交企业所得税 =1 000×25%=250（万元）

子公司应交企业所得税 =100×5%=5（万元）

总税款 =250+5=255（万元）

（2）设立分公司的情况下

如设立分公司，母公司和分公司须合并纳税，不能享受小型微利企业所得税优惠。

总税款 =（1 000+100）×25%=275（万元）

综上，设立子公司比设立分公司节税20（275–255）万元。

【例2–4】沿用【例2-3】，预计分支机构年度亏损为100万元，假设其他条件不变，现在计算设立子公司和分公司情况下的税款。

（1）设立子公司的情况下

总税款 =1 000×25%=250（万元）

（2）设立分公司的情况下

总税款 =（1 000–100）×25%=225（万元）

（3）节税额

设立分公司节税额 =250–225=25（万元）

综上，在分支机构出现亏损时，设立分公司较为有利。之所以会出现这种差异，是因为分公司的 100 万元亏损可以抵减总（母）公司的利润，减少应纳税所得额。而在成立子公司的情况下，这 100 万元的亏损只可用子公司以后年度的税前利润弥补，减少以后年度的应纳税所得额。即使子公司以后年度的利润可以抵减这一部分亏损，在货币具有时间价值的情况下，成立分公司相当于将税款的缴纳时间推后，等同于从政府得到一笔无息贷款，也是较为有利的。

按照企业生命周期假说，一个新设机构通常前期亏损，后期获利。因此，很难判断设立子公司好还是设立分公司好，只能综合考虑分支机构存在的所有条件，在预测盈亏的基础上，利用现金流量法来判断采用何种组织形式对企业更有利。

当然，企业也可以考虑组织形式的转换。一般情况下，新业务以分公司形式开展更节税，因为分支机构设立初期，很长一段时间只有支出没有收入，容易发生经营亏损，由总公司汇总缴纳企业所得税，可以合理减轻总公司企业所得税负担。经营稳定向好时，可考虑设立子公司，如果子公司在设立后不久就可能实现盈利，或者很快就能够扭亏为盈，那么此时设立的子公司不仅可以得到作为独立法人的经营便利，还可以享受小型微利企业税收优惠政策。但是，这种转换也是需要成本的，而且这其中有很多成本是不可量化的，企业应提前综合考虑。总之，不管成立哪种形式的公司，都需要从实际出发。企业在生产经营过程中，可随着业务发展、盈亏情况的变化，调整分支机构的形式。

三、涉税风险点与筹划要点

（一）不得税前扣除与限额扣除的项目

不得税前扣除的项目是指在计算某税种的应纳税所得额或者计税基础时，不得提前扣除的项目。例如，企业所得税不得税前扣除的项目包括向投资者支付的股息、红利等权益性投资收益；企业所得税；税收滞纳金；罚金罚款和被没收财物的损失；超过规定标准的捐赠支出等。

一般而言，纳税人只要提供真实、合法、有效的凭据，相关费用支出就可以税前扣除。但是，并不是只要取得有效凭证就可以税前扣除，还要注意相关的特殊税收规定。

1. 工会经费

工会经费是工会依法取得的开展正常活动所需的费用。

（1）扣除限额

根据《中华人民共和国企业所得税法实施条例》（以下简称《企业所得税法实施条例》），企业拨缴的工会经费，不超过工资薪金总额2%的部分，准予扣除。

【例2-5】某企业2022年发生合理的职工工资薪金总额500万元，计入成本费用的工会经费支出金额15万元，税前准予扣除多少？

准予扣除的工会经费限额=500×2%=10（万元）

企业计入成本费用的工会经费支出金额15万元，超过了税前准予扣除标准，税前准予按10万元扣除。

【例2-6】某企业2022年发生合理的职工工资薪金总额300万元，计入成本费用的工会经费支出金额5万元，税前准予扣除多少？

准予扣除的工会经费限额＝300×2%=6（万元）

企业计入成本费用的工会经费支出金额5万元，小于可以扣除的工会经费限额6万元，税前准予按实际发生的5万元扣除。

（2）缴付方式

目前，企业的工会经费有两种拨缴方式：直接拨缴给工会组织，取得《工会经费收入专用收据》；由受委托的税务机关代收，取得税务机关开具的工会经费代收凭据（税收缴款书等）。

实务中，企业基层工会日常使用的工会经费的来源有两种形式。

①先缴再返。先按每月全部职工工资薪金总额的2%计算出工会经费，全额向工会组织拨缴，取得《工会经费收入专用收据》；或者向受委托代收工会经费的税务机关缴纳，取得工会经费代收凭据，上级工会组织再按规定比例（一般为60%）转拨给缴费企业基层工会。

②分级拨缴。按每月全部职工工资薪金总额的2%计算出工会经费后，按当地规定比例（一般为40%）向受委托代收工会经费的税务机关缴纳，取得工会经费代收凭据；留成部分（一般为60%）由企业同时拨付给其所在的基层工会，取得本单位基层工会开具的《工会经费收入专用收据》。

具体缴付方式以及基层工会组织的留成比例等，各地会有不同的规定，具体以当地的规定为准。

（3）税前扣除条件

准予税前扣除的工会经费必须是企业已经实际拨缴的部分，对于账面已经计提但未实际拨缴的工会经费，不得在纳税年度内进行税前扣除；按照拨缴的全额在企业所得税税前扣除时，不需要扣减上级工会返还的工会经费。

【例2-7】某企业2022年计提工会经费50万元，一直未实际拨缴，这种情况下，该企业计提的工会经费能否税前扣除？答案是不能税前扣除，因为准予税前扣除的工会经费必须是企业已经实际拨缴的部分，对于账面已经计提但未实际拨缴的工会经费，不得在纳税年度内税前扣除。

2. 职工教育经费

职工教育经费指企业按工资薪金总额的一定比例提取，用于职工教育事业的一项费用，是企业为职工学习先进技术和提高文化水平而支付的费用。

（1）使用范围

按照《财政部 全国总工会 发展改革委 教育部 科技部 国防科工委 人事部 劳动保障部 国资委 国家税务总局 全国工商联关于印发〈关于企业职工教育经费提取与使用管理的意见〉的通知》（财建〔2006〕317号），企业职工教育培训经费列支范围包括：①上岗和转岗培训；②各类岗位适应性培训；③岗位培训、职业技术等级培训、高技能人才培训；④专业技术人员继续教育；⑤特种作业人员培训；⑥企业组织的职工外送培训的经费支出；⑦职工参加的职业技能鉴定、职业资格认证等经费支出；⑧购置教学设备与设施；⑨职工岗位自学成才奖励费用；⑩职工教育培训管理费用；⑪有关职工教育的其他开支。此外，中共中央办公厅、国务院办公厅发布的《关于提高技术工人待遇的意见》中还规定，企业可从职工教育经费中列支相关工作室专项经费，支持高技能人才"师带徒"。

需要注意的是，企业职工个人参加学历教育，以及个人为取得学位而参加的在职教育，所需费用应由个人承担，不能挤占企业的职工教育培训经费。因此，企业高级管理人员的 EMBA（高级管理人员工商管理硕士）学费是不可作为职工教育经费税前扣除的。

（2）扣除比例

根据《财政部 税务总局关于企业职工教育经费税前扣除政策的通知》（财税〔2018〕51号），企业发生的职工教育经费支出，不超过工资薪金总额8%的部分，准予在计算企业所得税应纳税所得额时扣除；超过部分，准予在以后纳税年度结转扣除。

对于一些特殊行业的培训费用，税前扣除有特殊规定。例如，集成电路设计企业和符合条件的软件企业的职工培训费用可100%税前扣除；航空企业实际发生的飞行员养成费、飞行训练费、乘务训练费、空中保卫员训练费等空勤训练费用可100%税前扣除；核电厂操作员培训费等亦可100%税前扣除。

【例2-8】甲公司2022年工资薪金总额500万元，实际发生职工教育经费60万元。那么，甲公司2022年度可以税前扣除的职工教育经费为40（500×8%）万元，超出限额的20万元在企业所得税年度纳税申报时应做纳税调整。此外，超出限额的20万元可以在以后纳税年度结转扣除。

（3）实际发生才能扣除

根据规定，只有实际支出的职工教育经费，才可以在限额比例内进行税前扣除。若是只提取而未使用的部分，则不允许税前扣除。

【例2-9】某企业2022年计提职工教育经费20万元，本年度实际发生的职工教育经费为10万元，当年根据规定计算的职工教育经费扣除限额为20万元。那么，该企业本年度可以在税前扣除的职工教育经费只有实际发生的10万元。

3. 职工福利费

职工福利费是用于增进职工物质利益，帮助职工及其家属解决某些特殊困难和兴办集体福利事业所支付的费用。

（1）职工福利费的范围

根据《国家税务总局关于企业工资薪金及职工福利费扣除问题的通知》（国税函〔2009〕3号）第三条，《企业所得税法实施条例》第四十条规定的企业职工福利费，包括以下内容。

①尚未实行分离办社会职能的企业，其内设福利部门所发生的设备、设施和人员费用，包括职工食堂、职工浴室、理发室、医务所、托儿所、疗养院等集体福利部门的设备、设施及维修保养费用和福利部门工作人员的工资薪金、社会保险费、住房公积金、劳务费等。

②为职工卫生保健、生活、住房、交通等所发放的各项补贴和非货币性福利，包括企业向职工发放的因公外地就医费用、未实行医疗统筹企业职工医疗费用、职工供养直系亲属医疗补贴、供暖费补贴、职工防暑降温费、职工困难补贴、救济费、职工食堂经费补贴、职工交通补贴等。

③按照其他规定发生的其他职工福利费，包括丧葬补助费、抚恤费、安家费、探亲假路费等。

（2）扣除标准

根据《企业所得税法实施条例》第四十条的规定，企业发生的职工福利费支出，不超过工资薪金总额 14% 的部分，准予扣除。

（3）实际发生才可扣除

提取了职工福利费但是没有实际发生，则职工福利费不得税前扣除。

已实行医疗统筹（包括基本医疗保险费）的企业，其为员工报销的医药费不得作为职工福利费支出税前扣除。

企业发生的职工体检费用属于职工卫生保健方面的支出，可以作为职工福利费支出，按照规定税前扣除。

企业为员工提供集体宿舍的支出，属于企业为员工提供的用于住房方面的非货币性福利，可以作为职工福利费支出，按照相关规定税前扣除。

企业接受外部劳务派遣用工所实际发生的费用，按照协议（合同）约定直接支付给员工个人的费用，应作为工资薪金支出和职工福利费支出，按规定税前扣除。

企业因雇用季节工、临时工、实习生、返聘离退休人员所实际发生的费用，应区分为工资薪金支出和职工福利费支出，并按规定税前扣除。

【例 2-10】某企业 2022 年提取职工福利费 100 万元，本年度实际发生的职工福利费为 80 万元。那么，该企业本年度可以在税前扣除的职工福利费只有实际发生的 80 万元。

4. 折旧与摊销

资产折旧与摊销是企业所得税税前扣除的常见风险点。

（1）固定资产折旧不得税前扣除的情形

根据《中华人民共和国企业所得税法》（以下简称《企业所得税法》）的规定，在计算应纳税所得额时，企业按照规定计算的固定资产折旧，准予扣除。下列固定资产不得计算折旧扣除：

①房屋、建筑物以外未投入使用的固定资产；

②以经营租赁方式租入的固定资产；

③以融资租赁方式租出的固定资产；

④已足额提取折旧仍继续使用的固定资产；

⑤与经营活动无关的固定资产；

⑥单独估价作为固定资产入账的土地；

⑦其他不得计算折旧扣除的固定资产。

（2）文物、艺术品资产的税务处理

《国家税务总局关于企业所得税若干政策征管口径问题的公告》（国家税务总局公告2021年第17号）规定："企业购买的文物、艺术品用于收藏、展示、保值增值的，作为投资资产进行税务处理。文物、艺术品资产在持有期间，计提的折旧、摊销费用，不得税前扣除。"

【例2-11】某企业今年购买了3 000万元的古玩字画，记入了"其他非流动资产"科目，每年计提150万元的折旧费用。根据规定，企业在持有古玩字画期间不可以计提折旧税前扣除，其投资成本只能于处置时税前扣除。

（3）无形资产摊销费用不得税前扣除的情形

根据《企业所得税法》的规定，在计算应纳税所得额时，企业按照规定计算的无形资产摊销费用，准予扣除。下列无形资产不得计算摊销费用扣除：

①自行开发的支出已在计算应纳税所得额时扣除的无形资产；

②自创商誉；

③与经营活动无关的无形资产；

④其他不得计算摊销费用扣除的无形资产。

5. 坏账损失

（1）损失确认

根据《国家税务总局关于发布〈企业资产损失所得税税前扣除管理办法〉的公告》（国家税务总局公告 2011 年第 25 号）第二十二条的规定，企业应收及预付款项坏账损失应依据以下相关证据材料确认：

①相关事项合同、协议或说明；

②属于债务人破产清算的，应有人民法院的破产、清算公告；

③属于诉讼案件的，应出具人民法院的判决书或裁决书或仲裁机构的仲裁书，或者被法院裁定终（中）止执行的法律文书；

④属于债务人停止营业的，应有工商部门注销、吊销营业执照证明；

⑤属于债务人死亡、失踪的，应有公安机关等有关部门对债务人个人的死亡、失踪证明；

⑥属于债务重组的，应有债务重组协议及其债务人重组收益纳税情况说明；

⑦属于自然灾害、战争等不可抗力而无法收回的，应有债务人受灾情况说明以及放弃债权申明。

第二十三条规定，企业逾期三年以上的应收款项在会计上已作为损失处理的，可以作为坏账损失，但应说明情况，并出具专项报告。

第二十四条规定，企业逾期一年以上，单笔数额不超过五万元或者不超过企业年度收入总额万分之一的应收款项，会计上已经作为损失处理的，可以作为坏账损失，但应说明情况，并出具专项报告。

最为重要的一点是：企业逾期三年以上的应收款项在会计上已作为损

失处理的，和企业逾期一年以上单笔数额不超过五万元或者不超过企业年度收入总额万分之一的应收款项，可以作为坏账损失，但应说明情况并提供专项报告。

（2）相关资料

《国家税务总局关于企业所得税资产损失资料留存备查有关事项的公告》（国家税务总局公告 2018 年第 15 号）规定："一、企业向税务机关申报扣除资产损失，仅需填报企业所得税年度纳税申报表《资产损失税前扣除及纳税调整明细表》，不再报送资产损失相关资料。相关资料由企业留存备查。"

（3）坏账准备

根据《企业所得税法》第十条第（七）项规定，未经核定的准备金支出不得税前扣除。

《企业所得税法实施条例》第五十五条规定："企业所得税法第十条第（七）项所称未经核定的准备金支出，是指不符合国务院财政、税务主管部门规定的各项资产减值准备、风险准备等准备金支出。"目前，只有财政部、国家税务总局确认的金融企业贷款损失，保险业、证券业、金融企业涉农贷款和中小企业贷款损失，中小企业融资（信用）担保机构等按照相关规定提取的准备金，允许税前扣除。

因此，企业计提的坏账准备金不能在企业所得税税前扣除。

【例 2-12】某企业因应收账款余额较大而且欠款时间较长，2021 年计提 80 万元的坏账准备，该坏账准备不能在企业所得税税前扣除，汇算清缴的时候需要进行纳税调增处理。

6. 安全生产费

企业已经预提但未实际支付的安全生产费不得税前扣除。

《国家税务总局关于煤矿企业维简费和高危行业企业安全生产费用企业所得税税前扣除问题的公告》（国家税务总局公告 2011 年第 26 号）规定："煤矿企业实际发生的维简费支出和高危行业企业实际发生的安全生产费用支出，属于收益性支出的，可直接作为当期费用在税前扣除；属于资本性支出的，应计入有关资产成本，并按企业所得税法规定计提折旧或摊销费用在税前扣除。企业按照有关规定预提的维简费和安全生产费用，不得在税前扣除。"

【例 2-13】某企业属于矿山行业，2022 年度预提了安全生产费 300 万元计入生产成本，但当年并未实际支付。在企业所得税汇算清缴时，预提的 300 万元安全生产费不允许在企业所得税税前扣除，应做纳税调增 300 万元处理。

7. 商业保险

《企业所得税法实施条例》第三十六条规定："除企业依照国家有关规定为特殊工种职工支付的人身安全保险费和国务院财政、税务主管部门规定可以扣除的其他商业保险费外，企业为投资者或者职工支付的商业保险费，不得扣除。"

因此，企业为其投资者或者职工投保商业保险所发生的保险费支出，准予税前扣除的，仅限于企业按国家规定为特殊工种职工支付的法定人身安全保险费，以及国务院财政、税务主管部门规定可以税前扣除的商业保险费两种。

（二）业务招待费涉税风险多

业务招待费是企业开展经营业务活动而发生的必要的、合理的交际与应酬支出。在实际操作中，企业因发生业务招待行为而产生的费用一般作为业务招待费。

业务招待费一般由两部分组成：一是业务费，主要包括因业务需要发生的礼金、礼品、赞助费及因业务需要赠送的烟、酒等的费用；二是招待费，主要包括因工作关系招待有关人员的就餐费、娱乐费用以及因公接待相关单位人员发生的差旅费、住宿费等。

1. 业务招待费的会计处理

企业对业务招待费的会计处理既要遵循会计准则的要求，又要按照《企业所得税法》的相关要求执行。在会计处理时，业务招待费是企业的一项支出，应根据"实际成本原则"和"配比原则"等会计核算要求，分别设置不同的会计科目进行核算。对于企业管理部门或者产品销售部门发生的业务招待费，应分别通过"管理费用——业务招待费"或"销售费用——业务招待费"科目核算。

【例2-14】某企业将自产的一台价值5 000元的家庭健身器材送给客户。该项行为应视同销售。

借：销售费用——业务招待费   5 650

    贷：库存商品   5 000

        应交税费——应交增值税（销项税额）   650

【例 2-15】5 月 10 日，某企业外购了一批价值 50 000 元的商品。5 月 31 日，企业将其中一部分商品送给客户作为礼品，价值 20 000 元。

（1）购入时：

借：库存商品　　　　　　　　　　　　　　　　　　50 000

　　应交税费——应交增值税（进项税额）　　　　　　6 500

　　贷：银行存款　　　　　　　　　　　　　　　　56 500

（2）赠送时：

借：销售费用——业务招待费　　　　　　　　　　　22 600

　　贷：库存商品　　　　　　　　　　　　　　　　20 000

　　　　应交税费——应交增值税（进项税额转出）　 2 600

【例 2-16】5 月 10 日，某企业外购一盒茶叶送给客户，价值 3 000 元，取得增值税普通发票。

借：销售费用——业务招待费　　　　　　　　　　　　3 000

　　贷：银行存款　　　　　　　　　　　　　　　　　3 000

2. 业务招待费的税前扣除

根据《企业所得税法实施条例》的规定，企业发生的与生产经营活动有关的业务招待费支出，按照发生额的 60% 扣除，但最高不得超过当年销售（营业）收入的 5‰。业务招待费扣除采用"双限额""孰小原则"，主要是考虑到商业招待和个人消费之间难以区分。

业务招待费的 60% 为可以限额扣除的支出。企业实际发生的业务招待费超限额的部分，在当年不得税前扣除，也不可结转以后年度扣除。

业务招待费的税前扣除计算基数包括主营业务收入、其他业务收入和视同销售收入。对从事股权投资业务的企业（包括集团公司总部、创业投资企业等），其从被投资企业所分配的股息、红利以及股权转让收入，可以按规定的比例计算业务招待费扣除限额。

【例 2-17】甲企业为信息技术公司，旗下有一家全资子公司乙企业。2022 年甲企业取得商品销售收入 3 000 万元，房屋出租收入 600 万元，取得乙公司分红收入 500 万元；将一批价值 300 万元的自产商品赞助给防疫部门。那么，甲企业 2022 年业务招待费税前扣除限额计算基数是多少？

业务招待费税前扣除限额计算基数 =3 000+600+500+300=4 400（万元）

企业在开办（筹建）期间，发生的与筹办活动有关的业务招待费支出，可按实际发生额的 60% 计入企业筹办费，并按有关规定在税前扣除。在此情形下，企业在税前扣除其业务招待费时，不受"最高不得超过当年销售（营业）收入的 5‰"条件的限制。

【例 2-18】某企业为新建电子厂，2022 年处于筹建期。在建设厂房阶段，企业发生与筹办相关的业务招待费支出 80 万元。这种情形下，企业应将 48（80×60%）万元计入企业筹办费，按筹办费规定税前扣除。

这里需要注意，只有企业实际发生的业务招待费才可以按规定在税前扣除，未实际发生的业务招待费不能税前扣除。也就是说，会计上计提的但未实际发生的业务招待费，不得税前扣除，在企业所得税汇算清缴时应做纳税调增处理。

【例2-19】某企业当年销售收入为5 000万元，当年的业务招待费为40万元。那么，该企业当年可税前扣除的业务招待费是多少？

当年销售（营业）收入的5‰=5 000×5‰=25（万元）

业务招待费发生额的60%=40×60%=24（万元）

24万元＜25万元，则该企业当年的业务招待费可在税前扣除24万元。

【例2-20】某企业2022年取得销售收入3 000万元，而当年发生的业务招待费是50万元，那么当年可税前扣除的业务招待费是多少？

当年销售（营业）收入的5‰=3 000×5‰=15（万元）

业务招待费发生额的60%=50×60%=30（万元）

15万元＜30万元，则该企业2022年的业务招待费可在税前扣除15万元。

3. 餐费与业务招待费的区别和联系

企业需要注意餐费与业务招待费的区别和联系。业务招待费包括餐费，但并不是所有的餐费都是业务招待费。业务招待费是企业招待"外人"，就是企业以外的人，发生的费用。业务招待费的消费主体主要是企业以外的单位和个人，而不是本企业的员工。

企业发生的餐费不等同于业务招待费，有可能是福利费等其他费用支出。对餐费的具体处理，应从餐费发生的原因、性质、目的、用途、对象等方面进行区分，用于招待客户的餐费应当作为业务招待费进行处理，而不得分解计入其他项目，否则就可能导致税务风险。例如，客户到企业考察，由企业承担的交通、食宿费用具有业务招待的性质，因此应属于业务招待费。

不同类型的餐费应分别计入以下费用。

◇ 员工培训时发生的合规餐费，应计入职工教育经费。

◇ 企业开董事会时发生的餐费，应计入董事会会费。

◇ 工会组织员工活动期间发生的餐费，应计入工会经费。

◇ 员工年终聚餐发生的餐费，应计入职工福利费。

◇ 以现金发放给员工的餐补，应计入应付职工薪酬。

　　尤其需要划清业务招待费与误餐费的界限。误餐费是指个人因公在城区、郊区工作，不能在工作单位或返回就餐，因此发放的误餐补助。企业发生的误餐费应计入应付职工薪酬。如果将应计入应付职工薪酬的误餐费错误计入业务招待费，就可能导致税前扣除的费用减少，从而加重税负。

4. 会议费、业务宣传费与业务招待费的区别

　　企业还需要注意区分会议费、业务宣传费与业务招待费，不能将属于业务招待费的支出作为会议费等可直接税前扣除的费用扣除，也不能将属于业务招待费的支出作为业务宣传费扣除。

　　（1）会议费和业务招待费

　　会议费是企业召开会议活动发生的相关支出。实务中，企业在租用的酒店或宾馆内统一用餐、租用会议室、住宿用房等发生的支出，往往被列支为会议费。税务监管机构对会议费列支有严格的要求，并不是所有的会议期间发生的支出都计入会议费。通常情况下，计入会议费的费用支出，需要有具体的证明材料作为税务备查资料，如会议时间、地点、参与人、目的、费用标准等相关证明材料。

　　那么，会议过程中的用餐费用是否可以开具会议费发票，并抵扣增值税进项税额呢？在实务中，各地税务机关存在两种不同的执行口径。有些地方要求必须分别核算会议费与应计入业务招待费的餐饮费，只有会议费

的进项税额可以抵扣；而有些地方则允许一并开具会议费发票并抵扣进项税额。因此，对于此类事项，企业应先与当地主管税务机关沟通确认。

（2）业务宣传费和业务招待费

企业经营活动中常常会发生各种业务招待费、业务宣传费，有时候项目繁多、内容相近，实务中很多企业对这些费用的财税处理并不规范，存在一定的涉税风险。也有一些企业试图通过将业务招待费改为宣传费进行税前扣除，偷税、漏税。这是因为两者的税前扣除比例不同：业务招待费按发生额的60%，但不得超过销售（营业）收入的5‰进行税前扣除；业务宣传费除特殊行业按照销售（营业）收入的30%进行税前扣除外，一般行业业务宣传费税前扣除金额不得超过销售（营业）收入的15%。

业务宣传费是指企业开展业务宣传活动所支付的费用，主要是指未通过媒体传播的广告性质的支出，包括企业发放的印有企业标志的礼品、纪念品等发生的支出。企业发生的业务宣传费应记入"销售费用——业务宣传费"科目。企业在开展业务宣传和招待时，要准确把握费用的核算口径。例如，赠送礼品，如果是外购礼品用于赠送客户，应作为业务招待费；如果赠送的是企业自产或委托加工的，对企业形象、产品具有宣传作用的礼品，一般作为业务宣传费。如果核算不当，可能影响相关费用的税前扣除，也会引起一定的稽查风险。

【例2-21】企业购进一批运动手环赠送客户。

如果购买后直接赠送客户，其性质属于送礼，应计入业务招待费进行核算。

如果购买后先委托礼品策划公司进行公司形象设计，加工后再赠送客户，应计入业务宣传费进行核算。

【例 2-22】王某为北京一家企业的销售经理，其出差到深圳拜访客户。王某请客户公司的负责人吃饭并送了其一盒茶叶，该餐费和茶叶支出应计入业务招待费。

（三）中小微企业新购置设备器具的税前扣除

《财政部 税务总局关于中小微企业设备器具所得税税前扣除有关政策的公告》（财政部 税务总局公告 2022 年第 12 号，以下简称"12 号公告"）规定："中小微企业在 2022 年 1 月 1 日至 2022 年 12 月 31 日期间新购置的设备、器具，单位价值在 500 万元以上的，按照单位价值的一定比例自愿选择在企业所得税税前扣除。其中，企业所得税法实施条例规定最低折旧年限为 3 年的设备器具，单位价值的 100% 可在当年一次性税前扣除；最低折旧年限为 4 年、5 年、10 年的，单位价值的 50% 可在当年一次性税前扣除，其余 50% 按规定在剩余年度计算折旧进行税前扣除。"

1. 限制条件

新购置设备器具单位价值 500 万元以上可以享受一次性税前扣除的政策，并不是所有企业的所有情况都可以享受，存在一些限制条件。

（1）企业类型限制

新购置设备器具单位价值 500 万元以上可以享受一次性税前扣除的政策，仅限于符合 12 号公告规定条件的"中小微企业"。

这里的中小微企业，既不是工信部和国家统计局的中小微企业口径中的中小微企业，也不同于企业所得税中的小型微利企业概念中的中小微企业。这里的中小微企业是指从事国家非限制和禁止行业，且符合以下条件的企业。

①信息传输业、建筑业、租赁和商务服务业：从业人员 2 000 人以下，或营业收入 10 亿元以下或资产总额 12 亿元以下。

②房地产开发经营：营业收入 20 亿元以下或资产总额 1 亿元以下。

③其他行业：从业人员 1 000 人以下或营业收入 4 亿元以下。

可见，从业人数、营业收入和资产总额标准，相关主体满足其一即可。需要说明的是，从业人数不仅包括与企业建立劳动关系的职工人数，还包括企业接受的劳务派遣用工人数。从业人数和资产总额指标应按企业全年的季度平均值确定，计算公式如下。

$$季度平均值 =（季初值 + 季末值）÷ 2$$
$$全年季度平均值 = 全年各季度平均值之和 ÷ 4$$

年度中间开业或者终止经营活动的，以其实际经营期作为一个纳税年度确定上述相关指标。

【例 2-23】某企业为信息传输类企业，其 2022 年前三季度的从业人数季度平均值分别为 1 950 人、2 050 人、1 800 人；第四季度初的从业人数为 2 000 人，资产总额为 15 亿元；第四季度末的从业人数为 1 800 人，资产总额为 16 亿元。全年累计营业收入 20 亿元，资产总额 15 亿元。该企业 2022 年新购入的单位价值 500 万元以上的设备器具，是否可以适用新的税前扣除政策？

第四季度从业人数平均值 =（2 000+1 800）÷2=1 900（人）

全年从业人数季度平均值 =（1 950+2 050+1 800+1 900）÷4

$$=1 925（人）$$

该企业虽然全年营业收入和资产总额都超过了中小微企业标准，但全年从业人数小于 2 000 人，符合中小微企业从业人数规定。因此，该企业 2022 年新购入的单位价值 500 万元以上的设备器具，可以适用新的税前扣除政策。

（2）时间限制

12 号公告中规定的税前扣除优惠的有效期限是 2022 年 1 月 1 日至 2022 年 12 月 31 日。也就是说，之前年度购买的设备器具，单位价值在 500 万元以上的，不得享受该税前扣除优惠。

（3）设备器具类别限制

12 号公告规定最低折旧年限为 3 年的设备器具，单位价值的 100% 可在当年一次性税前扣除；最低折旧年限为 4 年、5 年、10 年的，单位价值的 50% 可在当年一次性税前扣除，其余 50% 按规定在剩余年度计算折旧进行税前扣除。

这里需要注意，该政策仅限于设备器具，不包括建筑物、房屋。

设备器具折旧的年限要求如表 2-1 所示。

表 2-1　设备器具折旧的年限要求

设备器具类别	折旧年限	扣除规定
电子设备	3 年	一次性扣除
飞机、火车、轮船以外的运输工具	4 年	50% 当年一次性扣除，其余 50% 在剩余年度计算折旧扣除
与生产经营活动有关的器具、工具、家具等	5 年	
飞机、火车、轮船、机器、机械和其他生产设备	10 年	

（4）取得方式限制

12 号公告中规定的税前扣除优惠，仅限于"新购置"的设备器具，包括以货币购进和自行建造的设备器具，而不包括通过债务重组、投资入股、非货币性资产交换等方式取得的设备器具。

2. 具体运用

中小微企业设备器具税前扣除政策的具体适用，涉及确定购置资产价值和确认购进时点两个问题。

以货币形式购进的设备器具（包括购进使用过的设备器具），以购买价款和支付的相关税费以及直接归属于使该设备器具达到预定用途发生的其他支出确定其单位价值；自行建造的设备器具，以竣工结算前发生的支出确定其单位价值。

在确认购进时点方面，以货币形式购进的设备器具，除采取分期付款或赊销方式购进外，按发票开具时间确认；以分期付款或赊销方式购进的设备器具，按设备器具到货时间确认；自行建造的设备器具，按竣工结算时间确认。

【例 2-24】某企业为小微企业，2021 年 12 月以银行存款新购进一台设备，发票开具时间为 2021 年 12 月 31 日，不含税金额为 600 万元，折旧年限 10 年。根据现行政策，发票开具时间为 2021 年，据以确认的购入时点不满足"年内新购置"的条件，不能适用 50% 一次性税前扣除政策。

该企业 2022 年 5 月以银行存款新购进一台设备，发票开具时间为 2022 年 5 月 15 日，不含税金额为 800 万元，折旧年限 6 年。根据现行政策，发票开具时间为 2022 年，满足"年内新购置"的条件，可以适用 50% 一次性税前扣除政策。

【例2-25】某小微企业，于2022年6月购进一台电子设备并投入使用，不含税价为510万元，企业按税法规定的最低折旧年限3年采取直线法计提折旧。2022年度，该企业会计上计提折旧85（510÷3×6÷12）万元；税收上可适用一次性税前扣除政策，即税前扣除510万元，纳税调减425（510−85）万元。

【例2-26】某小微企业在2022年9月购进了一台单位价值为600万元的机器，企业按税法规定的最低折旧年限10年采取直线法计提折旧，会计上企业计提折旧15（600÷10×3÷12）万元；税收上企业2022年可就该机器单位价值的50%，即300万元，在税前一次性扣除，纳税调减285（300−15）万元。而剩余300万元可在剩余9年计算折旧进行扣除。

3. 剩余年度

根据《企业所得税法》，企业所得税按纳税年度计算。纳税年度自公历1月1日起至12月31日止。企业在一个纳税年度中间开业，或者终止经营活动，使该纳税年度的实际经营期不足12个月的，应当以其实际经营期为一个纳税年度。企业依法清算时，应当以清算期间作为一个纳税年度。

因此，12号公告规定的"单位价值的50%可在当年一次性税前扣除，其余50%按规定在剩余年度计算折旧进行税前扣除"，"当年"实际就指"一个纳税年度"，不管是否满12个月均应计算为"一个纳税年度"；规定的"剩余年度"，在税法中指的是"纳税年度"。例如，企业按政策规定将2022年6月新购入的单位价值500万元以上的设备器具（与生产经营活动有关）适用50%一次性税前扣除，剩下的50%在剩余年度计算折旧，这个剩余的折旧时间是4年，而不是4.5年。

【例 2-27】某企业在 2022 年 6 月购进一台最低折旧年限为 5 年的设备，不含税价值 720 万元，在 2022 年度选择适用单位价值的 50% 一次性税前扣除。

2022 年一次性税前扣除额 =720×50%=360（万元）

剩余税收折旧额 =720×50%=360（万元）

剩余税收折旧年限 =5-1=4（年）

年税收折旧额 =360÷4=90（万元）

【例 2-28】某企业满足享受中小微企业设备器具所得税税前扣除优惠政策条件。2022 年 3 月，企业购买了一套单位价值 600 万元的设备，税法规定最低折旧年限 5 年，企业按 5 年计提折旧（无残值）。这样，该设备价值的 50% 也就是 300 万元可在 2022 年一次性税前扣除，其余 50% 也就是 300 万元按规定在剩余年度，即 4 年内计算折旧进行税前扣除。

2022 年，会计上从 4 月开始计提折旧，2022 年累计折旧 =600÷5×9÷12=90（万元）；2022 年，税收上允许扣除 300 万元，当年应纳税调减额 =300-90=210（万元）。

从 2023 到 2026 年，会计上每年应计提折旧 =600÷5=120（万元）；税收上，剩余的 300 万元按 4 年计提折旧，每年税收折旧 =300÷4=75（万元）。这样，每年应纳税调增额 =120-75=45（万元）。

2027 年，会计上应计提折旧 =600÷5×3÷12=30（万元）；税收上无须计提折旧。这样，2027 年应纳税调增额为 30 万元。

4. 纳税调整

税法中的税前一次性扣除规定，只是针对税务处理的规定，不能替代会计准则的规定。满足条件的企业的设备器具，会计处理依然需要按照会计准则的规定分期计算折旧。

税务处理与会计处理不一致，导致税会差异，需要进行纳税调整。其实，不管是遵循会计准则还是税法，同一设备总的折旧数是一致的，只是因为相关规定不同，产生了跨期间的时间性差异。因而企业在纳税申报时需要调整。例如，一家企业 2021 年 12 月购进一台电子设备，价值为 10 万元，假设残值为 0，会计上按直线法折旧，折旧年限为 2 年，但是税法规定电子设备最低折旧年限为 3 年。这样，第一年和第二年会计核算计提折旧多，而税法上计提折旧少，因此会计利润算少了，需要调增应纳税所得额；但是最后一年，会计核算不计提折旧，而税法上要计提折旧，这就需要调减应纳税所得额。

【例 2-29】甲企业是一家信息技术企业，符合中小微企业的标准，可以享受中小微企业设备器具税前扣除政策。该企业在 2022 年 6 月购进一台服务器，收到的增值税发票上注明货款 7 200 000 元，增值税 936 000 元。企业根据税法规定采用直线法计提折旧，折旧年限为 3 年，残值为 0。

（1）购入时：

借：固定资产 7 200 000

应交税费——应交增值税（进项税额） 936 000

贷：银行存款 8 136 000

（2）2022 年计提折旧时：

年折旧额 =7 200 000÷3=2 400 000（元）

月折旧额 =2 400 000÷12=200 000（元）

借：制造费用 200 000

贷：累计折旧 200 000

2022 年每月会计折旧分录一致。2022 年共计提折旧 1 200 000 （200 000×6）元。

（3）2022 年做纳税调整。

根据规定，甲企业该设备可以享受一次性税前扣除优惠政策，即在 2022 年一次性税前扣除 7 200 000 元。如果甲企业选择享受一次性税前扣除，则需要做的纳税调整如表 2-2 所示。

表 2-2　甲企业纳税调整

单位：元

项目	2022 年度	2023 年度	2024 年度	2025 年度
会计折旧	1 200 000	2 400 000	2 400 000	1 200 000
税前扣除	7 200 000	0	0	0
纳税调整	−6 000 000	2 400 000	2 400 000	1 200 000

2022 年度纳税调整会计分录如下：

借：所得税费用 6 000 000

　　贷：递延所得税负债 6 000 000

2023 年度与 2024 年度纳税调整会计分录如下：

借：递延所得税负债 2 400 000

　　贷：所得税费用 2 400 000

2025 年度纳税调整会计分录如下：

借：递延所得税负债 1 200 000

　　贷：所得税费用 1 200 000

对于单位价值 500 万元以上的设备，单位价值的 50% 可在当年一次性扣除的，税会差异处理会比单纯的一次性税前扣除复杂一些。

【例2-30】乙企业2022年9月购进一台设备并投入使用，收到的增值税专用发票注明价款5 928 000元，增值税770 640元。假定企业满足12号公告规定的中小微企业标准；该设备折旧年限为5年，无残值，企业按直线法计提折旧。

（1）购入时：

借：固定资产   5 928 000

  应交税费——应交增值税（进项税额） 770 640

  贷：银行存款   6 698 640

（2）2022年计提折旧时：

年折旧额 = 5 928 000 ÷ 5 = 1 185 600（元）

月折旧额 = 1 185 600 ÷ 12 = 98 800（元）

借：制造费用   98 800

  贷：累计折旧   98 800

2022年每月会计折旧分录一致。2022年共计提折旧296 400（98 800 × 3）元。

（3）2022年做纳税调整。

根据《企业所得税法实施条例》的规定，乙企业购进的设备最低折旧期限为5年，符合12号公告规定，单位价值的50%可在当年（2022年）一次性税前扣除，其余50%按规定在剩余年度（2023年起）计算折旧进行税前扣除。

2023年起，以后4年每年税前扣除折旧 = 2 964 000 ÷ 4 = 741 000（元）。如果乙企业选择享受一次性税前扣除，则需要做的纳税调整如表2-3所示。

表 2-3　乙企业纳税调整

单位：元

项目	2022 年度	2023 年度	2024 年度	2025 年度	2026 年度	2027 年度
会计折旧	296 400	1 185 600	1 185 600	1 185 600	1 185 600	889 200
税前扣除	2 964 000	741 000	741 000	741 000	741 000	0
纳税调整	−2 667 600	444 600	444 600	444 600	444 600	889 200

2022 年度纳税调整会计分录如下：

借：所得税费用 2 667 600

　　贷：递延所得税负债 2 667 600

2023—2026 年度纳税调整会计分录如下：

借：递延所得税负债 444 600

　　贷：所得税费用 444 600

2027 年度纳税调整会计分录如下：

借：递延所得税负债 889 200

　　贷：所得税费用 889 200

5. 亏损弥补

企业选择按照设备器具单位价值的一定比例在企业所得税税前扣除形成的亏损，可在以后 5 个纳税年度结转弥补，但享受其他延长亏损结转年限政策的企业可按现行规定执行。

【例 2-31】某企业按规定可享受中小微企业设备器具所得税税前扣除优惠政策。该企业在 2022 年 6 月购进了一项单位价值为 600 万元的机器。企业按税法规定的最低折旧年限 10 年采取直线法计提折旧，会计上企业 2022 年计提折旧 30（600÷10×6÷12）万元；税收上企业可以就该机器单位价值的 50%，即 300 万元在 2022 年一次性税前扣除。

假设 2022 年度该企业未选择享受中小微企业设备器具所得税税前扣除优惠政策前的应纳税所得额为 200 万元。企业选择一次性税前扣除 300 万元，形成 100 万元亏损，这 100 万元亏损可在以后 5 个纳税年度结转弥补。如果该企业可以享受高新技术企业和科技型中小企业 10 年弥补亏损年限政策，其 100 万元亏损可以在以后 10 个纳税年度结转弥补。

6. 自行选择

享受税收优惠政策是纳税人的一项权利，纳税人可以自主选择是否享受此项优惠。12 号公告明确规定，中小微企业可根据自身生产经营核算需要自行选择享受此项政策。但为避免企业随意选择设备器具税前扣除时点，12 号公告同时规定 2022 年度未选择享受此项优惠政策的中小微企业，在以后年度不得再变更享受。

【例 2-32】某中小微企业 2022 年 3 月购置一台单位价值 780 万元的设备器具，在第一季度预缴申报时未选择享受中小微企业设备器具税前扣除优惠政策，在第二、三、四季度预缴申报或 2022 年度汇算清缴时仍然可以选择享受中小微企业设备器具税前扣除优惠政策。假如该企业到 2023 年办理 2022 年度汇算清缴时仍未选择享受此项政策，那么该企业购置的此项设备器具在 2023 年度及以后年度，均无法再享受中小微企业设备器具税前扣除优惠政策。

7. 留存资料

12 号公告没有对留存备查的资料做出明确规定，企业可以参照《国家

税务总局关于设备 器具扣除有关企业所得税政策执行问题的公告》（国家税务总局公告 2018 年第 46 号）第五条规定执行。企业按照《国家税务总局关于发布修订后的〈企业所得税优惠政策事项办理办法〉的公告》（国家税务总局公告 2018 年第 23 号）的规定办理享受政策的相关手续，主要留存备查资料如下：

（1）有关固定资产购进时点的资料（如以货币形式购进固定资产的发票，以分期付款或赊销方式购进固定资产的到货时间说明，自行建造固定资产的竣工决算情况说明等）；

（2）固定资产记账凭证；

（3）核算有关资产税务处理与会计处理差异的台账。

8. 纳税筹划

根据规定，单位价值 500 万元以上的设备器具税前扣除优惠，企业在季度预缴企业所得税时也可以享受。中小微企业可按季（月）在预缴申报时享受上述政策。如果季度预缴申报时没有选择享受，不影响年度汇算清缴时选择享受；同样，如果季度预缴申报时已经选择享受，年度汇算清缴时也可以选择放弃享受。

此外，单位价值 500 万元以上的设备器具税前扣除优惠，与国家税务总局另外规定的单位价值 500 万元以下的设备器具一次性税前扣除政策并不冲突，只要符合条件均可享受。

其实，不管单位价值 500 万元以上的设备器具是在当年一次性税前扣除，还是按 50% 在当年一次性税前扣除，剩余 50% 按规定在剩余年度扣除，其实都是通过改变税法对折旧的规定来实现对企业的支持，减轻企业运营压力。那么，企业是该选择享受还是不享受中小微企业设备器具的税前扣除优惠政策呢？企业需要结合自身情况考虑。享受一次性税前扣除政策后，企业可能会由于税前扣除的设备器具与财务核算的设备器具折旧费用不同，而产生复杂的纳税调整问题，加之一些设备器具核算期限较长，也会增加会计核算负担和税务风险。

对于短期无法实现盈利的亏损企业而言，选择享受一次性税前扣除政策会进一步加大亏损，且由于税法规定的弥补期限的限制，该亏损可能无法得到弥补，实际上减少了税前扣除额。因此，若企业经营亏损或者有大量的以前年度未弥补亏损，可以先使用未弥补亏损（5 年的弥补期限），不享受一次性税前扣除政策。此外，企业在定期减免税期间往往不会选择享受一次性税前扣除政策。

【例 2-33】某企业原计划于 2023 年上半年新增加一条生产线。截至 2022 年第三季度末，企业累计利润为 400 万元，累计应纳企业所得税 100 万元，且预计第四季度利润会持续增长。为此，在财务人员提议下，企业将购置生产线计划提前到 2022 年 11 月（当月投入使用），该生产线金额为 600 万元，增值税为 78 万元，年应计提折旧额 120 万元。财务人员在申报 2022 年企业所得税的时候将该生产线金额一次性计入成本费用税前扣除。2022 年该企业累计实际利润为 500 万元。

（1）2022 年 11 月购入生产线时：

借：固定资产 6 000 000

应交税费——应交增值税（进项税额） 780 000

贷：银行存款 6 780 000

（2）2022 年 12 月计提折旧时：

借：制造费用 100 000

贷：累计折旧 100 000

（3）计算 2022 年应纳税所得额：

2022 年应纳税所得额 = 本年累计利润总额 − 固定资产折旧（扣除）调减额 =500−600+10=−90（万元）

该企业当年不用缴纳企业所得税。

（四）研发费用加计扣除

研发费用加计扣除是国家为激励企业加大研发投入，支持科技创新而给予企业的一项所得税优惠政策。企业研发投入越多，减税就越多，对鼓励企业持续加强研发具有四两拨千斤的作用。

加计扣除是企业所得税的一种税基式优惠方式，一般是指按照税法规定在实际发生支出数额的基础上，再加成一定比例，作为计算应纳税所得额时的扣除数额。对企业的研发支出实施加计扣除，称为研发费用加计扣除。

1. 不适用的行业和活动

《财政部 国家税务总局 科技部关于完善研究开发费用税前加计扣除政策的通知》（财税〔2015〕119 号）规定，以下行业、活动不适用研发费用加计扣除政策。

（1）不适用税前加计扣除政策的行业

不适用税前加计扣除政策的行业包括烟草制造业、住宿和餐饮业、批发和零售业、房地产业、租赁和商务服务业、娱乐业、财政部和国家税务总局规定的其他行业。以上行业以《国民经济行业分类与代码（GB/4754—2011）》为准，并随之更新。

不适用税前加计扣除政策行业的企业，是指以上述所列行业业务为主营业务，其研发费用发生当年的主营业务收入占企业按《企业所得税法》第六条规定计算的收入总额减除不征税收入和投资收益的余额50%（不含）以上的企业。

【例2-34】某综合性企业2022年度取得批发零售收入13 000万元，兼营生产消费电子产品取得销售收入7 000万元，取得投资收益2 000万元。全年用于消费电子产品研发的费用支出为1 000万元。

则该综合性企业主营业务收入占比=13 000÷（13 000+7 000）×100%=65%，大于50%，不得享受研发费用加计扣除优惠政策。

（2）不适用税前加计扣除的研发活动

不适用税前加计扣除的研发活动包括企业产品（服务）的常规性升级；对某项科研成果的直接应用，如直接采用公开的新工艺、材料、装置、产品、服务或知识等；企业在商品化后为顾客提供的技术支持活动；对现存产品、服务、技术、材料或工艺流程进行的重复或简单改变；市场调查研究、效率调查或管理研究；作为工业（服务）流程环节或常规的质量控制、测试分析、维修维护；社会科学、艺术或人文学方面的研究。

（3）不允许加计扣除的其他情形

①法律、行政法规和国务院财税主管部门规定不允许在企业所得税税前扣除的费用和支出项目不得计算加计扣除。

《企业所得税法》第十条规定，在计算应纳税所得额时，下列支出不得扣除：向投资者支付的股息、红利等权益性投资收益款项；企业所得税税款；税收滞纳金；罚金、罚款和被没收财物的损失；本法第九条规定以外的捐赠支出；赞助支出；未经核定的准备金支出；与取得收入无关的其他支出。

②非居民企业、以核定征收方式缴纳企业所得税的企业以及财务核算健全但不能准确归集研发费用的企业不允许研发费用加计扣除。

2. 研发费用的扣除比例

根据《财政部 税务总局关于进一步完善研发费用税前加计扣除政策的公告》（财政部 税务总局公告 2023 年第 7 号），企业开展研发活动中实际发生的研发费用，未形成无形资产计入当期损益的，在按规定据实扣除的基础上，自 2023 年 1 月 1 日起，再按照实际发生额的 100% 在税前加计扣除；形成无形资产的，自 2023 年 1 月 1 日起，按照无形资产成本的 200% 在税前摊销。

3. 允许加计扣除的研发费用

（1）人员人工费用

人员人工费用是指直接从事研发活动人员的工资薪金、基本养老保险费、基本医疗保险费、失业保险费、工伤保险费、生育保险费和住房公积金，以及外聘研发人员的劳务费用。

①直接从事研发活动人员包括研究人员、技术人员、辅助人员。研究人员是指主要从事研究开发项目的专业人员；技术人员是指具有工程技术、自然科学和生命科学中一个或一个以上领域的技术知识和经验，在研究人员指导下参与研发工作的人员；辅助人员是指参与研究开发活动的技工。

②外聘研发人员是指与本企业或劳务派遣企业签订劳务用工协议（合同）和临时聘用的研究人员、技术人员、辅助人员。

③接受劳务派遣的企业按照协议（合同）约定支付给劳务派遣企业，且由劳务派遣企业实际支付给外聘研发人员的工资薪金等费用，属于外聘

研发人员的劳务费用。

④对研发人员股权激励的支出符合《国家税务总局关于我国居民企业实行股权激励计划有关企业所得税处理问题的公告》（国家税务总局 2012 年 18 号）规定的，可以税前加计扣除。

⑤直接从事研发活动的人员、外聘研发人员同时从事非研发活动的，企业应对其人员活动情况做必要记录，并将其实际发生的相关费用按实际工时占比等合理方法在研发费用和生产经营费用间分配，未分配的不得加计扣除。

【例 2–35】甲企业符合研发费用加计扣除相关条件。2023 年企业研发费用中发生人员人工费用 300 万元。该项目研发人员同时从事研发活动与企业日常管理，据统计，该项目研发人员年度工作总工时 1 200 小时，其中日常管理活动 400 小时、研发活动 800 小时。在计算研发费用加计扣除时，人员人工费用应如何分配？

人员人工费用应按实际工时占比法在研发费用和管理费用间进行分配。

计入研发费用的人员人工费用 =300×（800÷1 200）=200（万元）

计入管理费用的人员人工费用 =300×（400÷1 200）=100（万元）

允许加计扣除的人员人工费用为 200 万元。

（2）直接投入费用

直接投入费用指研发活动直接消耗的材料、燃料和动力费用；用于中间试验和产品试制的模具、工艺装备开发及制造费，不构成固定资产的样品、样机及一般测试手段购置费，试制产品的检验费；用于研发活动的仪器、设备的运行维护、调整、检验、维修等费用，以及通过经营租赁方式租入的用于研发活动的仪器、设备租赁费。

①以经营租赁方式租入的用于研发活动的仪器、设备，同时用于非研发活动的，企业应对其仪器设备使用情况做必要记录，并将其实际发生的租赁费按实际工时占比等合理方法在研发费用和生产经营费用间分配，未分配的不得加计扣除。

②企业研发活动直接形成产品或作为组成部分形成的产品对外销售的，研发费用中对应的材料费用不得加计扣除。

③产品销售与对应的材料费用发生在不同纳税年度且材料费用已计入研发费用的，可在销售当年以对应的材料费用发生额直接冲减当年的研发费用，不足冲减的，结转以后年度继续冲减。

④研发机构办公场所、厂房等租赁费不予加计扣除。

（3）折旧费用

折旧费用是指用于研发活动的仪器、设备的折旧费。

①用于研发活动的仪器、设备，同时用于非研发活动的，企业应对其仪器设备使用情况做必要记录，并将其实际发生的折旧费按实际工时占比等合理方法在研发费用和生产经营费用间分配，未分配的不得加计扣除。

②企业用于研发活动的仪器、设备，符合税法规定且选择加速折旧优惠政策的，在享受研发费用税前加计扣除政策时，就税前扣除的折旧部分计算加计扣除。

③研发用建筑物的折旧费用不得加计扣除。

【例2-36】甲企业符合固定资产加速折旧政策条件，于2022年12月购进并投入使用一台价值600万元的研发设备，会计处理按8年折旧，每年折旧额75万元；税收上享受加速折旧政策，按5年折旧，每年折旧额120

万元。

那么，该企业在 2023 年度及以后年度汇算清缴申报加计扣除政策时，可以加计扣除的金额应以 120 万元作为基础计算。

（4）无形资产摊销

无形资产摊销是指用于研发活动的软件、专利权、非专利技术（包括许可证、专有技术、设计和计算方法等）的摊销费用。

①用于研发活动的无形资产，同时用于非研发活动的，企业应对其无形资产使用情况做必要记录，并将其实际发生的摊销费按实际工时占比等合理方法在研发费用和生产经营费用间分配，未分配的不得加计扣除。

②用于研发活动的无形资产，符合税法规定且选择缩短摊销年限的，在享受研发费用税前加计扣除政策时，就税前扣除的摊销部分计算加计扣除。注意：已计入无形资产但不属于财税〔2015〕119 号通知中允许加计扣除研发费用范围的，企业摊销时不得计算加计扣除。

（5）新产品设计费、新工艺规程制定费、新药研制的临床试验费、勘探开发技术的现场试验费

此类费用是指企业在新产品设计、新工艺规程制定、新药研制的临床试验、勘探开发技术的现场试验过程中发生的与开展该项活动有关的各类费用。

（6）其他相关费用

其他相关费用是指与研发活动直接相关的其他费用，如技术图书资料费、资料翻译费、专家咨询费、高新科技研发保险费、研发成果的检索、分析、评议、论证、鉴定、评审、评估、验收费用，知识产权的申请费、注册费、代理费，差旅费、会议费，职工福利费、补充养老保险费、补充

医疗保险费。此类费用总额不得超过可加计扣除研发费用总额的 10%。

全部研发项目的其他相关费用限额按以下公式计算：

全部研发项目的其他相关费用限额＝全部研发项目的
人员人工等五项费用之和 ×10%÷（1-10%）

"人员人工等五项费用"是指财税〔2015〕119 号通知第一条第（一）项"允许加计扣除的研发费用"第 1 目至第 5 目费用，包括"人员人工费用""直接投入费用""折旧费用""无形资产摊销""新产品设计费、新工艺规程制定费、新药研制的临床试验费、勘探开发技术的现场试验费"。其中，资本化项目发生的费用在形成无形资产的年度统一纳入计算。

当"其他相关费用"实际发生数小于限额时，按实际发生数计算税前加计扣除额；当"其他相关费用"实际发生数大于限额时，按限额计算税前加计扣除额。

【例 2-37】甲公司 2023 年度有 A、B 两个研发项目。项目 A 发生人员人工等五项费用之和为 130 万元，其他相关费用为 18 万元；项目 B 发生人员人工等五项费用之和为 230 万元，其他相关费用为 21 万元。

两个项目的其他相关费用限额＝（130+230）×10%÷（1-10%）

=40（万元）

两个项目实际发生的其他相关费用 =18+21=39（万元）

其他相关费用实际发生额没有超过限额，可全部加计扣除。

【例 2-38】乙公司 2023 年度有 A、B 两个研发项目。项目 A 人员人工等五项费用之和为 150 万元，其他相关费用为 36 万元；项目 B 人员人工等五项费用之和为 300 万元，其他相关费用为 18 万元。

两个项目的其他相关费用限额 =（150+300）× 10% ÷（1–10%）

=50（万元）

两个项目实际发生的其他相关费用 =36+18=54（万元）

其他相关费用实际发生额大于限额，按限额计算税前加计扣除额。

（7）其他规定

①企业取得的政府补助，会计处理时采用直接冲减研发费用的方法且税务处理时未将其确认为应税收入的，应按冲减后的余额计算加计扣除额。

②企业取得研发过程中形成的下脚料、残次品、中间试制品等特殊收入，在计算确认收入当年的加计扣除研发费用时，应从已归集研发费用中扣减该特殊收入，不足扣减的，加计扣除研发费用按零计算。

③企业开展研发活动中实际发生的研发费用形成无形资产的，其资本化的时点与会计处理保持一致。

④失败的研发活动所发生的研发费用可享受税前加计扣除政策。

⑤企业为获得创新性、创意性、突破性的产品进行创意设计活动而发生的相关费用可以税前加计扣除。创意设计活动是指多媒体软件、动漫游戏软件开发，数字动漫、游戏设计制作；房屋建筑工程设计（绿色建筑评价标准为三星）、风景园林工程专项设计；工业设计、多媒体设计、动漫及衍生产品设计、模型设计等。

【例 2–39】某制造业企业符合政策规定可以享受研发费用加计扣除政策，2023 年该企业共发生研发费用 700 万元，全部费用化处理。其中：直接从事研发活动的人员工资 300 万元、"五险一金" 50 万元，直接消耗材料费用 200 万元，用于研发活动的设备折旧费 50 万元，用于研发活动的专利权摊销费用 10 万元，新产品设计费 20 万元，其他相关费用 70 万元（包含专家咨询费 50 万元、翻译费 20 万元）。

研发项目的其他相关费用限额＝研发项目的人员人工等五项费用之和 × 10%÷（1–10%）=（300+50+200+50+10+20）×10%÷（1–10%）=70（万元）

其他相关费用实际发生数为 70 万元，没有大于限额，可全部加计扣除。

允许加计扣除的研发费用合计＝研发项目的人员人工等五项费用之和 + 其他相关费用 =630+70=700（万元）

4. 叠加享受优惠

研发费用加计扣除与其他企业所得税优惠可叠加享受。企业既符合享受研发费用加计扣除政策条件，又符合享受其他企业所得税优惠条件的，可以同时享受相关优惠政策。

（1）研发费用加计扣除与小型微利企业优惠

如果企业同时符合研发费用加计扣除与小型微利企业优惠的条件，可以按规定同时享受。

（2）研发费用加计扣除与缩短摊销年限

根据《国家税务总局关于研发费用税前加计扣除归集范围有关问题的公告》（国家税务总局公告 2017 年第 40 号）第四条第（二）项的规定，用于研发活动的无形资产，符合税法规定且选择缩短摊销年限的，在享受研发费用税前加计扣除政策时，就税前扣除的摊销部分计算加计扣除。

（3）研发费用加计扣除与加速折旧优惠政策

根据《国家税务总局关于研发费用税前加计扣除归集范围有关问题的公告》（国家税务总局公告 2017 年第 40 号）第三条第（二）项的规定，企业用于研发活动的仪器、设备，符合税法规定且选择加速折旧优惠政策的，在享受研发费用税前加计扣除政策时，就税前扣除的折旧部分计算加计扣除。

5. 委托研发费用加计扣除

（1）委托境内机构或个人进行研发活动所发生的费用

委托境内机构或个人进行研发活动所发生的费用，按照费用实际发生额的 80% 计入委托方研发费用并计算加计扣除，受托方不得再进行加计扣除（无论委托方是否享受研发费用税前加计扣除政策，受托方均不得加计扣除）。委托境内机构开发费用实际发生额应按照独立交易原则确定。

委托方与受托方存在关联关系的，受托方应向委托方提供研发项目费用支出明细。委托个人研发的，应凭个人出具的发票等合法有效凭证在税前加计扣除。

【例2-40】甲企业是制造业企业，符合政策规定可以享受研发费用加计扣除政策。2023 年该企业委托境内乙企业（存在关联关系）研发项目，甲企业实际向乙企业支付费用合计 350 万元，乙企业实际发生费用 240 万元。

甲企业允许加计扣除的委托境内机构进行研发活动的研发费用 = 350 × 80%=280（万元）

乙企业应向甲企业提供实际发生费用 240 万元的支出明细。

（2）委托境外机构进行研发活动所发生的费用

委托境外机构进行研发活动所发生的费用，按照费用实际发生额的 80% 计入委托方的委托境外研发费用。委托境外研发费用不超过境内符合条件的研发费用三分之二的部分，可以按规定在企业所得税税前加计扣除。

委托境外机构研究开发费用实际发生额应按照独立交易原则确定。委托方与受托方存在关联关系的，受托方应向委托方提供研发项目费用支出明细情况。委托境外个人进行的研发活动不予加计扣除。

【例2-41】甲企业2023年发生委托境外研发费用300万元，当年境内符合条件的研发费用为120万元，未形成无形资产计入当期损益。那么，在本年度汇算清缴时，甲企业委托境外公司开展研发活动发生的研发费用可加计扣除额是多少？

按照政策规定，委托境外机构进行研发活动发生的研发费用300万元的80%计入委托境外研发费用，即为240万元。

当年境内符合条件的研发费用120万元的三分之二的部分为80万元，即扣除限额为80万元。

240万元＞80万元，因此甲企业最终委托境外机构进行研发活动发生的研发费用只有80万元可以按规定适用加计扣除政策。

【例2-42】乙公司是一家高新技术企业，主要从事软件研发生产与销售业务。2023年该公司既有自行研发项目又有委托境外公司研发的项目，均未形成无形资产计入当期损益。其中，委托境外公司研发项目共发生支出250万元，境内自行研发项目发生支出240万元。那么，在本年度汇算清缴时，乙公司委托境外公司开展研发活动发生的研发费用可加计扣除额是多少？该如何享受加计扣除政策？

可计入乙公司的委托境外研发费用=250×80%=200（万元）。境内研发项目发生支出240万元，扣除限额=240×2/3=160（万元），200万元＞160万元，所以乙公司委托境外公司开展研发活动发生的研发费用可加计扣除额为 160 万元。

研发费用加计扣除调减应纳税所得额 =（240+160）× 100%=400（万元）

（3）委托境内、境外机构或个人进行研发活动的合同签订

委托境内机构或个人进行研发活动应签订技术开发合同，并由受托方到科技行政主管部门进行登记；委托境外机构或个人进行研发活动应签订技术开发合同，并由委托方到科技行政主管部门进行登记。相关事项按技术合同认定登记管理办法及技术合同认定规则执行。

（五）合理解除税前费用扣除限制

业务招待费、广告费和业务宣传费均是以销售（营业）收入为依据计算扣除标准的，如果纳税人将销售部门独立出来设立一家销售公司，先将企业产品销售给销售公司，再由销售公司对外销售，这样就增加了一道销售收入，而整个集团的利润总额并未改变，同时可以解除税前费用扣除的限制。

【例 2-43】兆泰公司是一家工业企业，适用的企业所得税税率为 25%。2022 年度实现产品销售收入 8 000 万元，发生业务招待费 100 万元，广告费和业务宣传费 1 600 万元，税前会计利润总额为 600 万元。按扣除比例规定，其可扣除的业务招待费为 40 万元，超支额为 60 万元；广告费和业务宣传费本年度可税前扣除 1 200 万元，超支额为 400 万元。

若兆泰公司再另行设立一个销售公司，先将产品以 7 000 万元的价格销售给销售公司，销售公司再以 8 000 万元的价格对外销售。母公司与下属销

售公司发生的业务招待费分别为 40 万元、60 万元；广告费和业务宣传费均为 800 万元。这样，母公司可扣除的业务招待费为 24 万元，下属销售公司可扣除的业务招待费为 36 万元，合计可扣除业务招待费为 60 万元，比销售公司独立前多扣除 20 万元；母公司和下属销售公司的广告费和业务宣传费均不超过税法规定的标准，全部可在本年度税前扣除，比销售公司独立前多扣除 400 万元。

这样，通过设立销售公司，兆泰公司税前扣除金额多了 420 万元，可减少企业所得税 105（420×25%）万元。

设立销售公司除了可以节税外，对于扩大产品销售市场、加强销售管理均具有重要意义，但也会因此增加一些管理成本。纳税人应根据企业规模的大小以及产品的特点，兼顾成本与效益原则，从长远利益考虑，决定是否设立销售公司。

（六）税费返还是否缴纳企业所得税

除了各类经营所得，企业还会产生从税务机关取得的各种税费类返还收入，如手续费返还、增值税即征即退、增值税加计抵减、增值税留抵退税等收入。那么，这些收入是否需要缴纳企业所得税呢？

对于这些税费返还，应先看是否应确认为收入，实质上有没有给企业带来经济利益的流入，不确认为收入的就不需要缴纳企业所得税；如果确认为收入，再看是否属于有专项用途的财政资金，若是，则确认为不征税收入，不需要缴纳企业所得税，否则就需要缴纳企业所得税。

1. 手续费返还

手续费返还是指企业从税务机关取得的代扣代缴、委托代征等各项税费返还的手续费，其中常见的是个人所得税扣缴手续费。个人所得税扣缴手续费是税务机关向纳税人提供的一项福利，以提高居民缴纳个人所得税的积极性。

返还的手续费是否应缴纳企业所得税？根据《企业所得税法》的规定，企业以货币形式和非货币形式从各种来源取得的收入，为收入总额。收入总额中的下列收入为不征税收入：①财政拨款；②依法收取并纳入财政管理的行政事业性收费、政府性基金；③国务院规定的其他不征税收入。返还的手续费没有免税规定，因此纳税人取得的返还的手续费，应并入纳税人年度收入总额计算缴纳企业所得税。

同时，《企业所得税法》规定，企业实际发生的与取得收入有关的、合理的支出，包括成本、费用、税金、损失和其他支出，准予在计算应纳税所得额时扣除。与返还的手续费有关的支出可在计算缴纳企业所得税时按照相关税收规定税前扣除。因此，企业取得的返还的手续费，可计入收入总额，而用于该项代扣代缴工作的支出，可以在企业所得税税前扣除。

返还的手续费作为企业收入，一般按"商务辅助服务——经纪代理服务"征收增值税，一般纳税人适用6%税率，小规模纳税人适用3%征收率。对于返还的手续费是否要缴纳增值税，各地税务局的要求可能不一样，具体以当地税务局要求为准。

账务处理时，企业取得返还的个人所得税手续费应单独核算，记入"其他收益"科目。

（1）收到返还的个人所得税手续费时：

借：银行存款

    贷：其他收益 / 营业外收入

        应交税费——应交增值税（销项税额）/ 应交税费——应交增值税

（2）将返还的个人所得税手续费奖励给办税人员时：

借：管理费用

    贷：应付职工薪酬

借：应付职工薪酬

    贷：银行存款

如取得返还手续费的人员为负责代扣代缴工作的办税人员，该所得暂免征收个人所得税；属于非相关人员的，该所得应按照工资薪金所得计算缴纳个人所得税。

【例2-44】某企业收到返还的个人所得税手续费3 000元，将其中的500元奖励给会计人员。上述业务应如何确认收入及支出，如何进行账务处理？

企业取得返还的个人所得税手续费3 000元，应当全额计入企业所得税的收入总额；支付给会计人员的500元奖励，若符合合理的工资薪金规定，则可以作为工资薪金支出在企业所得税税前依法扣除。此外，企业还应确认增值税销项税额。

增值税销项税额 =3 000 × 6%=180（元）

（1）收到返还的个人所得税手续费时：

借：银行存款　　　　　　　　　　　　　　　　　　　3 000

    贷：其他收益——手续费返还　　　　　　　　　　　2 820

        应交税费——应交增值税（销项税额）　　　　　180

（2）将返还的个人所得税手续费奖励给办税人员时：

借：管理费用   500

  贷：应付职工薪酬   500

借：应付职工薪酬   500

  贷：银行存款   500

2. 增值税即征即退

企业收到的即征即退、先征后退、先征后返的各种税收款项（不包括出口退税款），属于财政性资金。对于财政性资金，符合政策规定的可以作为不征税收入，不符合规定的需要缴纳企业所得税。

根据《财政部 国家税务总局关于财政性资金 行政事业性收费 政府性基金有关企业所得税政策问题的通知》（财税〔2008〕151号）的规定，财政性资金，是指企业取得的来源于政府及其有关部门的财政补助、补贴、贷款贴息，以及其他各类财政专项资金，包括直接减免的增值税和即征即退、先征后退、先征后返的各种税收，但不包括企业按规定取得的出口退税款。

根据《财政部 国家税务总局关于专项用途财政性资金企业所得税处理问题的通知》（财税〔2011〕70号）的规定，企业从县级以上各级人民政府财政部门及其他部门取得的应计入收入总额的财政性资金，若同时符合企业能够提供规定资金专项用途的资金拨付文件、财政部门或其他拨付资金的政府部门对该资金有专门的资金管理办法或具体管理要求、企业对该资金以及以该资金发生的支出单独进行核算三个条件，则可以作为不征税收入。

《财政部 国家税务总局关于进一步鼓励软件产业和集成电路产业发展企

业所得税政策的通知》（财税〔2012〕27 号）规定："五、符合条件的软件企业按照《财政部 国家税务总局关于软件产品增值税政策的通知》（财税〔2011〕100 号）规定取得的即征即退增值税款，由企业专项用于软件产品研发和扩大再生产并单独进行核算，可以作为不征税收入，在计算应纳税所得额时从收入总额中减除。"

因此，除上述情况外，企业收到税务机关即征即退的增值税额，应按规定并入当期损益，申报缴纳企业所得税。

3. 增值税加计抵减

按照企业所得税相关税收政策规定，增值税加计抵减优惠部分不符合不征税收入、免税收入的条件，因此享受加计抵减增值税形成的收益也就不属于不征税收入、免税收入，应按规定计缴企业所得税。

生产、生活性服务业纳税人取得资产或接受劳务时，应当按照《增值税会计处理规定》的相关规定对增值税相关业务进行会计处理；实际缴纳增值税时，按应纳税额借记"应交税费——未交增值税"等科目，按实际纳税金额贷记"银行存款"科目，按加计抵减的金额贷记"其他收益"科目。

《国家税务总局关于修订企业所得税年度纳税申报表有关问题的公告》（国家税务总局公告 2019 年第 41 号）明确了《企业所得税年度纳税申报表》主表的填报说明，其中主表中的"利润总额"包括"其他收益"。同时，增值税加计抵减额既不符合免税收入条件，也不符合不征税收入条件，应计入企业的应纳税所得额，计算缴纳企业所得税。

【例 2-45】税务人员在纳税辅导中发现，某企业 2021 年度增值税加计抵减额为 60 万元，但未计入企业所得税应纳税所得额。该企业 2021 年度汇算清缴申报年应纳税所得额为 250 万元，享受了小型微利企业所得税优惠，缴纳企业所得税 20 万元。计算公式如下：

企业所得税 $=100×5\%+（250-100）×10\%=20（万元）$

根据 2021 年小型微利企业所得税优惠政策计算：对小型微利企业年应纳税所得额不超过 100 万元的部分，减按 12.5% 计入应纳税所得额，按 20% 的税率缴纳企业所得税；对年应纳税所得额超过 100 万元但不超过 300 万元的部分，减按 50% 计入应纳税所得额，按 20% 的税率缴纳企业所得税。

税务人员根据规定将 60 万元增值税加计抵减额计入会计利润总额后，该企业的企业所得税应纳税所得额变为 310 万元，超过了 300 万元的标准，不再符合小型微利企业的条件。根据规定，该企业应缴纳企业所得税 77.5（310×25%）万元，应补缴企业所得税 57.5（77.5-20）万元，并缴纳相应的滞纳金。

4. 增值税留抵退税

增值税留抵退税不同于增值税即征即退和增值税进项税额加计抵减优惠。增值税留抵退税实际上减少的是增值税进项税额，相当于进行了增值税进项税额转出处理，实质上未给企业带来经济利益收入，不涉及企业收入的确认。因此，退还的增值税留抵税额不需要记入损益科目，不属于企业的收入总额，不需要缴纳企业所得税。

（七）公益性捐赠支出税前扣除

随着社会进步，企业的社会责任感日益增强，许多爱心企业向公益事业、贫困山区、遭受自然灾害地区等进行捐赠，助人为乐的同时也积极履行了社会责任，同时还享受了税前扣除的优惠政策。那么，是所有的捐赠支出都能享受企业所得税税前扣除政策吗？

1. 公益性捐赠

企业捐赠支出分为非公益性捐赠支出和公益性捐赠支出，其中只有公益性捐赠支出才可以税前扣除。

公益性捐赠是指企业通过公益性社会组织或者县级以上人民政府及其部门，用于符合法律规定的慈善活动、公益事业的捐赠。

公益性社会组织包括依法设立或登记并按规定条件和程序取得公益性捐赠税前扣除资格的慈善组织、其他社会组织和群众团体。公益性社会组织应当依法取得公益性捐赠税前扣除资格。财政部、国家税务总局和民政部以及省、自治区、直辖市、计划单列市财政、税务部门和民政部门每年分别联合公布名单。根据规定，公益性社会组织的公益性捐赠税前扣除在全国范围内有效，有效期为三年。纳税人在进行捐赠时，要注意判断公益性社会组织的税前扣除资格是否在有效期内。

公益性捐赠支出税前扣除条件如下。

（1）用于符合法律规定的公益慈善事业的捐赠支出才可以税前扣除。

（2）通过公益性社会组织、县级以上人民政府及其部门等国家机关进行捐赠的支出才能税前扣除。

（3）必须取得由财政部或省、自治区、直辖市财政部门监（印）制的公益事业捐赠票据，并加盖接受捐赠单位的印章。如果取得的捐赠票据不合规，也不得税前扣除。

2. 扣除限额

企业所得税法规定：企业发生的公益性捐赠支出，在年度利润总额12% 以内的部分，准予在计算应纳税所得额时扣除；超过年度利润总额

12%的部分，准予结转以后三年内在计算应纳税所得额时扣除。

【例2-46】某企业当年的利润总额为1 000万元，通过公益性组织捐款100万元，并取得公益事业捐赠票据，捐赠扣除限额和应纳税所得额计算如下。（假设该企业除捐赠外无其他涉税调整的事项，并且不满足小型微利企业条件。）

未捐款时应交企业所得税 =1 000×25%=250（万元）

允许扣除的捐款限额 =1 000×12%=120（万元）

该企业实际捐赠额为100万元，小于120万元，可直接扣除。

应纳税所得额 =1 000−100=900（万元）

捐赠后应交企业所得税 =900×25%=225（万元）

【例2-47】某企业当年的利润总额为1 000万元，通过公益性组织捐款200万元，并取得公益事业捐赠票据，捐赠扣除限额和应纳税所得额计算如下。（假设该企业除捐赠外无其他涉税调整的事项，并且不满足小型微利企业条件。）

未捐款时应交企业所得税 =1 000×25%=250（万元）

允许扣除的捐赠限额 =1 000×12%=120（万元）

该企业实际捐赠额为200万元，大于120万元，只能扣除120万元，当年税前未予扣除的80万元可结转以后三个年度扣除。

应纳税所得额 =1 000−120=880（万元）

捐赠后应交企业所得税 =880×25%=220（万元）

根据《财政部 税务总局 民政部关于公益性捐赠税前扣除有关事项的公

告》（财政部公告 2020 年第 27 号）的规定，除另有规定外，公益性社会组织、县级以上人民政府及其部门等国家机关在接受企业或个人捐赠时，按以下原则确认捐赠额。①接受的货币性资产捐赠，以实际收到的金额确认捐赠额。②接受的非货币性资产捐赠，以其公允价值确认捐赠额。捐赠方在向公益性社会组织、县级以上人民政府及其部门等国家机关捐赠时，应当提供注明捐赠非货币性资产公允价值的证明；不能提供证明的，接受捐赠方不得向其开具捐赠票据。

为鼓励企业积极投身公益慈善事业，国家税务总局公告 2021 年第 17 号规定："企业在非货币性资产捐赠过程中发生的运费、保险费、人工费用等相关支出，凡纳入国家机关、公益性社会组织开具的公益捐赠票据记载的数额中的，作为公益性捐赠支出按照规定在税前扣除；上述费用未纳入公益性捐赠票据记载的数额中的，作为企业相关费用按照规定在税前扣除。"

【例 2-48】某企业 2022 年度预计可以实现会计利润（假设等于应纳税所得额）2 000 万元，企业所得税税率为 25%。为提高其产品知名度及竞争力，树立良好的社会形象，企业决定向有关单位捐赠 200 万元。企业自身提出两种方案。第一种方案：进行非公益性捐赠或不通过我国境内非营利性社会团体、国家机关进行公益性捐赠；第二种方案：通过我国境内非营利性社会团体、国家机关进行公益性捐赠，并且在当年全部捐赠。假设企业不满足小型微利企业所得税优惠政策要求，从税务角度分析，两种方案哪种更好？

第一种方案，不符合税法规定的公益性捐赠条件，捐赠额不能在税前扣除。该企业 2022 年度应当缴纳企业所得税 500（2 000×25%）万元。

第二种方案，公益性捐赠扣除限额 =2 000×12%=240（万元），大于捐赠支出 200 万元，捐赠额可以全部扣除。企业应当缴纳企业所得税 =（2 000–200）×25%=450（万元）。

综上，该企业采取第二种方案更好，尽管都是对外捐赠 200 万元，方案二与方案一相比可以少缴纳企业所得税 50 万元。

【例 2-49】某企业 2022 年和 2023 年预计会计利润分别为 1 500 万元和 2 000 万元，企业所得税税率为 25%。该企业为树立良好的社会形象，决定捐赠 200 万元。相关负责人共提出三种方案。

方案一：2022 年底直接捐给特定对象 200 万元。

方案二：2022 年底通过省级民政部门捐赠 200 万元。

方案三：2022 年底通过省级民政部门捐赠 100 万元，2023 年年初通过省级民政部门捐赠 100 万元。

假设企业不满足小型微利企业所得税优惠政策要求，从纳税筹划角度来分析以上三种方案哪种更好。

2022 年公益性捐赠扣除限额 =1 500×12%=180（万元）

2023 年公益性捐赠扣除限额 =2 000×12%=240（万元）

方案一：该企业 2022 年直接向特定对象捐赠 200 万元不得在税前扣除，当年应纳企业所得税为 375（1 500×25%）万元。2023 年应纳企业所得税为 500（2 000×25%）万元。两年合计应纳企业所得税为 875 万元。

方案二：该企业 2022 年通过省级民政部门捐赠 200 万元，只能在税前扣除 180 万元，2022 年应纳企业所得税为 330 [（1 500–180）×25%] 万元。捐赠支出中超过扣除限额的 20 万元不得在 2022 年税前扣除，但可以结转以后三年内在计算应纳税所得额时扣除。2023 年应纳企业所得税为 495 [（2 000–20）×25%] 万元。两年合计应纳企业所得税为 825 万元。

方案三：该企业分两年进行捐赠，由于 2022 年和 2023 年的公益性捐赠扣除限额分别为 180 万元和 240 万元，因此每年捐赠的 100 万元均没有超过扣除限额，均可在税前扣除。2022 年应纳企业所得税为 350 ［（1 500–100）×25%］万元，2023 年应纳企业所得税为 475 ［（2 000–100）×25%］万元。两年合计应纳企业所得税为 825 万元。

综上，该企业采取方案二更好。尽管都是对外捐赠 200 万元，方案二与方案三相比，虽然两年总纳税额一样，但 20 万元的税费可延迟缴纳。

国家为了扶持小型微利企业，给予小型微利企业很多的税收优惠政策。那么，对于从业人数不超过 300 人、资产总额不超过 5 000 万元但年度应纳税所得额超过 300 万元的小微企业，可以通过合法合规的纳税筹划降低企业所得税吗？答案是肯定的！企业可以通过公益性捐赠降低企业的应纳税所得额，使企业符合小型微利企业的条件，适用小型微利企业的所得税优惠政策。

【例 2–50】经测算，某企业 2023 年度企业所得税预计应纳税所得额为 305 万元，企业其他条件符合小型微利企业标准。财务经理提出通过公益性组织捐赠 5 万元，以使企业完全满足小型微利企业条件，享受小型微利企业所得税优惠政策。请问以上方案是否可行？

如果企业没有发生公益性捐赠支出 5 万元，那么企业不能享受小型微利企业所得税优惠政策，应纳企业所得税 =305×25%=76.25（万元）。

如果企业发生公益性捐赠支出 5 万元，那么企业可以享受小型微利企业所得税优惠政策，应纳税所得额 =305–5=300（万元），应纳企业所得税 =300×5%=15（万元）。

综上，该方案可行，虽然捐赠了 5 万元，但企业所得税减少了 61.25（76.25–15）万元，反而让企业净利润更高。

需要注意，**利用公益性捐赠降低企业所得税，存在应纳税所得额上限**，超过上限，即使通过公益性捐赠降低应纳税所得额使企业适用小型微利企业的所得税优惠政策，但捐赠支出会大于降低的企业所得税税额，无法达到节税的目的。那么，这个应纳税所得额上限是多少呢？可以利用方程式求解。

假设应纳税所得额上限为 X 万元，捐赠金额为 Y 万元，当 $X–Y=300$（万元）时，适用小型微利企业优惠政策，此时增加的企业所得税等于捐赠金额，其方程式如下。

$$\begin{cases} 25\%X–15=Y \\ X–Y=300 \end{cases}$$

解方程式，求得 $X=380$（万元）。

因此，当小型微利企业的年应纳税所得额≤380 万元时，通过公益性捐赠可以降低企业所得税。

3. 全额扣除

对于一些专项规定的公益性捐赠，可以在企业所得税税前全额据实扣除。

例如，《财政部 税务总局 国务院扶贫办关于企业扶贫捐赠所得税税前扣除政策的公告》（财政部 税务总局 国务院扶贫办公告 2019 年第 49 号）规定：自 2019 年 1 月 1 日至 2022 年 12 月 31 日，企业通过公益性社会组织或者县级（含县级）以上人民政府及其组成部门和直属机构，用于目标脱贫地区的扶贫捐赠支出，准予在计算企业所得税应纳税所得额时据实扣除。

为巩固、拓展脱贫攻坚成果，《财政部 税务总局 人力资源社会保障部 国家乡村振兴局关于延长部分扶贫税收优惠政策执行期限的公告》（财政部 税务总局 人力资源社会保障部 国家乡村振兴局公告 2021 年第 18 号），将上述政策的执行期限延长至 2025 年 12 月 31 日。

第三章

个人所得税涉税业务处理

一、巧用住房公积金进行纳税筹划

根据《中华人民共和国个人所得税法》（以下简称《个人所得税法》）的规定，个人按照国家规定的范围和标准缴纳的住房公积金是不用缴纳个人所得税的，可以在税前扣除。因此，企业和职工可以利用住房公积金进行个人所得税的纳税筹划。具体做法是：在不增加企业负担的情况下，提高住房公积金缴存比例，减少个人所得税应纳税额，从而提高职工的实际收入水平。

这种操作，不但有利于提高职工个人的实际收入，又因为住房公积金存款利息是免税的，还有利于职工获得比银行存款更高的收益。再进一步考虑，职工购房时获得的住房公积金贷款额度跟职工个人的公积金存款金额正相关，而住房公积金的贷款利率是低于商业银行住房贷款利率的，所以，这部分利息差额也应算为职工的潜在收益。

这里需要注意，根据《财政部 国家税务总局关于基本养老保险费基本医疗保险费失业保险费 住房公积金有关个人所得税政策的通知》（财税〔2006〕10号）第二条、《住房公积金管理条例》《建设部 财政部 中国人民银行关于住房公积金管理若干具体问题的指导意见》（建金管〔2005〕5号）等规定的精神，单位和个人分别在不超过职工本人上一年度月平均工资 12% 的幅度内，其实际缴存的住房公积金，允许在个人应纳税所得额中扣除。单位和职工个人缴存住房公积金的月平均工资不得超过职工工作地所在设区城市上一年度职工月平均工资的 3 倍，具体标准按照各地有关规定执行。单位和个人超过上述规定比例和标准缴存的住房公积金，应将超过部分并入个人当期的工资、薪金收入，计征个人所得税。

其实，除了国家强制性要求缴存的住房公积金外，还有一种补充住房公积金。补充住房公积金的缴存是自愿的，是住房公积金缴存方式的一种补充。对于一些住房公积金缴存比例较低的个人，可以利用补充住房公积金进行个人所得税的纳税筹划。由于个人所得税实行的是超额累进税率，所以利用好补充住房公积金甚至可能达到意想不到的节税效果。

【例 3-1】王某是一名会计师，在入职某网络公司商谈工资时，他发现该公司的住房公积金缴存基数较低，个人和单位缴存比例均为 7%，这样将导致自己的个人所得税应纳税所得额偏高，全年应纳税所得额刚好超过 15 万元，适用的税率高达 20%。

经过商谈，王某与公司达成一致，公司额外为王某缴存补充住房公积金，缴存比例为 5%。这样计算下来，王某全年应纳税所得额将大幅下降，仅适用 10% 的税率。

二、用好个人所得税专项附加扣除

个人所得税专项附加扣除（个税专项附加扣除），是指个人所得税法规定的子女教育、继续教育、大病医疗、住房贷款利息、住房租金、赡养老人、3岁以下婴幼儿照护共七项专项附加扣除。

专项附加扣除中所称老人，是指生父母、继父母、养父母。所称子女，是指婚生子女、非婚生子女、继子女、养子女。父母之外的其他人担任未成年人的监护人的，比照执行。

纳税人首次享受专项附加扣除，应当将专项附加扣除相关信息提交扣缴义务人或者税务机关，扣缴义务人应当及时将相关信息报送税务机关，纳税人对所提交信息的真实性、准确性、完整性负责。专项附加扣除信息发生变化的，纳税人应当及时向扣缴义务人或者税务机关提供相关信息。

个人所得税专项附加扣除，以居民个人一个纳税年度的应纳税所得额为限额，一个纳税年度扣除不完的，不能结转以后年度扣除。纳税人需要留存备查的相关资料应当自法定汇算期结束后保存五年，扣缴义务人需要留存备查的相关资料应当自预扣预缴年度的次年起保存五年。

1. 子女教育支出

子女教育支出的扣除规定如表3-1所示。

表3-1　子女教育支出的扣除规定

	学前教育支出	学历教育支出
扣除范围	满3周岁至小学入学前	义务教育（小学、初中教育）、高中阶段教育（普通高中、中等职业、技工教育）、高等教育（大学专科、大学本科、硕士研究生、博士研究生教育）
扣除方式	定额扣除	定额扣除
扣除标准	1 000元/（月·每个子女）	
扣除主体	父母（法定监护人）各扣除50%	
	父母（法定监护人）选择一方全额扣除	

（续表）

注意事项	（1）子女在境内学校或境外学校接受教育，在公办学校或民办学校接受教育均可享受 （2）子女已经不再接受全日制学历教育的，不可以填报子女教育专项附加扣除 （3）具体扣除方式在一个纳税年度内不能变更 （4）纳税人子女在中国境外接受教育的，纳税人应当留存境外学校录取通知书、留学签证等相关教育的证明资料备查

2. 继续教育支出

继续教育支出的扣除规定如表 3-2 所示。

表 3-2　继续教育支出的扣除规定

扣除范围	学历（学位）继续教育支出	技能人员职业资格继续教育支出	专业技术人员职业资格继续教育支出
	境内学历（学位）教育期间	取得证书的年度	
扣除方式	定额扣除	定额扣除	
扣除标准	400 元 / 月，最长不超过 48 个月	3 600 元	
扣除主体	本人扣除	本人扣除	
	个人接受本科（含）以下学历（学位）继续教育，可以选择由其父母扣除		
注意事项	（1）对同时接受多个学历（学位）继续教育，或者同时取得多个职业资格证书的，填报其中一个即可。但如果同时存在学历（学位）继续教育、职业资格继续教育两类继续教育情形，则每一类都要填写 （2）纳税人接受技能人员职业资格继续教育、专业技术人员职业资格继续教育的，应当留存相关证书等资料备查		

3. 大病医疗支出

大病医疗支出的扣除规定如表 3-3 所示。

表 3-3　大病医疗支出的扣除规定

扣除范围	基本医保相关医药费扣除医保报销后发生的支出
	个人负担（医保目录范围内的自付部分）累计超过 15 000 元的部分
扣除方式	限额内据实扣除
扣除标准	每年在 80 000 元限额内据实扣除
扣除主体	医药费用支出可以选择由本人或者其配偶扣除
	未成年子女发生的医药费用支出可以选择由其父母一方扣除
注意事项	（1）次年汇算清缴时扣除 （2）纳税人应当留存大病患者医药服务收费及医保报销相关票据原件或复印件，或者医疗保障部门出具的纳税年度医药费用清单等资料备查
温馨提示	可通过手机下载"国家医保服务平台"App 并注册、登录、激活医保电子凭证后，通过首页的"年度费用汇总查询"模块查询大病医疗支出相关数额

4. 住房贷款利息支出

住房贷款利息支出的扣除规定如表 3-4 所示。

表 3-4　住房贷款利息支出的扣除规定

扣除范围	纳税人本人或其配偶单独或共同使用商业银行或住房公积金个人住房贷款为本人或其配偶购买中国境内住房，发生的首套住房贷款利息支出
	实际发生贷款利息的年度（不超过 240 个月）
扣除方式	定额扣除
扣除标准	1 000 元 / 月
扣除主体	经夫妻双方约定，可以选择由其中一方扣除，具体扣除方式在一个纳税年度内不能变更
	夫妻双方婚前分别购买住房发生的首套住房贷款利息，婚后可选择其中一套房，由购买方按扣除标准的 100% 扣除，或对各自购买住房分别按扣除标准的 50% 扣除，具体扣除方式在一个纳税年度内不能变更
注意事项	（1）所称首套住房贷款是指购买住房享受首套住房贷款利率的住房贷款 （2）纳税人应当留存住房贷款合同、贷款还款支出凭证备查

5. 住房租金支出

住房租金支出的扣除规定如表 3-5 所示。

表 3-5 住房租金支出的扣除规定

扣除范围	纳税人在主要工作城市没有自有住房而发生的住房租金支出		
	直辖市、省会（首府）城市、计划单列市以及国务院确定的其他城市	市辖区户籍人口>100 万的城市	市辖区户籍人口≤100 万
扣除方式	定额扣除		
扣除标准	1 500 元／月	1 100 元／月	800 元／月
扣除主体	签订租赁合同的承租人		
	夫妻双方主要工作城市相同的，只能由一方（即承租人）扣除		
	夫妻双方主要工作城市不同，且各自在其主要工作城市都没有住房的，分别扣除		
注意事项	（1）纳税人及其配偶在一个纳税年度内不能同时分别享受住房贷款利息和住房租金专项附加扣除 （2）纳税人应当留存住房租赁合同、协议等有关资料备查		

表 3-5 中的"主要工作城市"指的是纳税人的任职受雇所在地，如果任职受雇所在地与实际工作地不符，以实际工作地为主要工作城市。例如，某纳税人公司所在地为江苏的一个县城，该纳税人被派往上海分公司工作，纳税人及其配偶在上海都没有住房，需要在上海租房，那么纳税人应当按照上海市的标准享受住房租金支出扣除。

住房租金支出由签订租赁合同的承租人扣除。因此，合租住房的个人（非夫妻关系），若都与出租方签署了规范的租房合同，可以根据住房租金定额标准各自扣除。

6. 赡养老人支出

赡养老人支出的扣除规定如表 3-6 所示。

表 3-6　赡养老人支出的扣除规定

扣除范围	纳税人赡养一位及以上被赡养人的赡养支出	
	被赡养人是指年满 60 周岁（含）的父母，以及子女均已去世的年满 60 周岁的祖父母、外祖父母	
	纳税人为独生子女	纳税人为非独生子女
扣除方式	定额扣除	定额扣除
扣除标准	2 000 元 / 月	每人不超过 1 000 元 / 月（分摊每月 2 000 元的扣除额度）
扣除主体	本人扣除	**平均分摊**：赡养人平均分摊
		约定分摊：赡养人自行约定分摊比例
		指定分摊：被赡养人指定分摊比例
注意事项	（1）指定分摊及约定分摊必须签订书面协议 （2）指定分摊优先于约定分摊 （3）具体分摊方式和额度在一个纳税年度内不能变更	

7.3 岁以下婴幼儿照护支出

3 岁以下婴幼儿照护支出的扣除规定如表 3-7 所示。

表 3-7　3 岁以下婴幼儿照护支出的扣除规定

扣除范围	纳税人照护 3 岁以下婴幼儿子女的相关支出
	从婴幼儿出生的当月至年满 3 周岁的前一个月
扣除方式	定额扣除
扣除标准	1 000 元 /（月·每孩）
扣除主体	父母（监护人）可以选择由其中一方按扣除标准的 100% 扣除
	父母（监护人）也可以选择由双方分别按扣除标准的 50% 扣除
注意事项	（1）具体扣除方式在一个纳税年度内不能变更 （2）纳税人需要留存子女的出生医学证明等资料备查

三、涉税风险点与筹划要点

（一）专项附加扣除

个人所得税的起征点为 5 000 元，在年度个人所得税综合所得汇算清缴时，如果年度收入（扣除"五险一金"后）未超过 6 万元，不用缴纳个人所得税，无须申报专项附加扣除；如果大于 6 万元，就需要看是否满足专项附加扣除的条件，做好关于专项附加扣除的纳税筹划，以减少个人所得税应纳税额。

1.可选择扣除和分摊的项目

个人所得税的专项附加扣除项目中，有几个是可以选择扣除或选择分摊的。在选择由一方来扣除的时候，应尽量选择适用税率高的一方来扣除；在选择分摊费用时，一定要对照税率表，分析分摊人税率区间的差异，让适用税率高的一方承担尽可能多的额度。

（1）子女教育。父母可以选择由其中一方扣除，按标准扣除，也可以选择由双方分别扣除，按标准的 50% 扣除。具体扣除方式在一个纳税年度内不得变更。

（2）住房贷款利息。经夫妻双方约定，可以选择由其中一方扣除。夫妻双方婚前分别购买住房发生的首套住房贷款利息支出，婚后可以选择其中一套购买的住房，由购买方按标准扣除，也可以由夫妻双方对各自购买的住房分别按扣除标准的 50% 扣除。具体扣除方式在一个纳税年度内不能变更。

（3）住房租金。纳税人及其配偶在一个纳税年度内不能同时分别享受住房贷款利息和住房租金专项附加扣除。

（4）**赡养老人**。纳税人为非独生子女的，由其与兄弟姐妹分摊每月 2 000 元的扣除额度，每人分摊的额度不能超过每月 1 000 元。可以由赡养人均摊或者约定分摊，也可以由被赡养人指定分摊。

（5）**大病医疗**。纳税人发生的医药费用支出可以选择由本人或其配偶扣除；未成年子女发生的医药费用支出可以选择由其父母一方扣除。纳税人及其配偶、未成年子女发生的医药费用支出，按上述规定分别计算扣除额。

（6）**3 岁以下婴幼儿照护**。3 岁以下婴幼儿照护费用，一个婴幼儿每月可以扣除 1 000 元，如果家庭中有两个或两个以上的 3 岁以下婴幼儿，扣除费用可以累计计算。例如，家庭中有两个符合 3 岁以下婴幼儿照护专项附加扣除的婴幼儿，每个月可以扣除 2 000 元的婴幼儿照护费用。婴幼儿照护费用可以选择由夫妻一方按扣除标准的 100% 扣除，也可选择由夫妻双方分别按扣除标准的 50% 扣除。监护人如果不是父母，也可以按规定扣除。

2. 优化分摊

对于住房贷款利息支出、子女教育支出等，尽量由夫妻双方中应纳税所得额较多的个人进行扣除。

【例 3-2】A 某和 B 某是夫妻。A 某扣除"五险一金"后的年度综合所得收入合计为 13 万元，B 某扣除"五险一金"后的年度综合所得收入合计为 8 万元。双方父母均未满 60 周岁，有一子在读小学，一套房在还贷款。夫妻双方合计的专项附加扣除额度为 2 000 元／月。

在减去 6 万元／年免征额后，A 某的应纳税所得额为 7 万元，适用税率 3% ～ 10%；B 某的应纳税所得额为 2 万元，适用税率 3%。由于 A 某适用的个人所得税税率更高，因此子女教育支出和住房贷款利息支出的额度可以全额分配给 A 某，这样可节税 2 400（2 000×12×10%）元。如果分配给 B 某，只能节税 720（2 000×12×3%）元。

　　如果同时符合住房贷款利息和住房租金的扣除标准，那么就要考虑选择可以多扣除的项目作为专项附加扣除项目。对于赡养老人支出，如果纳税人不是独生子女，就存在兄弟姐妹间分摊额度的问题，应尽量让应纳税所得额较多的个人进行扣除。对于大病医疗支出，可以指定由夫妻一方应纳税所得额较多的个人扣除。对于纳税人未成年子女发生的大病医疗支出，应由应纳税所得额较多的父母一方申报扣除。

　　此外，纳税人同时从两处以上取得工资、薪金所得，并由扣缴义务人（也就是单位）办理上述专项附加扣除的，对同一专项附加扣除项目，一个纳税年度内，纳税人只能选择从其中一处扣除。

　　【例 3-3】张先生和张太太育有一子。2022 年度，他们的孩子因生病当年自费花了 15 万元。在未考虑大病医疗专项附加扣除的情况下，张先生的应纳税所得额为 20 万元，张太太的应纳税所得额为 3 万元，则 2022 年度张先生应纳个人所得税为 23 080（200 000×20%–16 920）元，张太太应纳个人所得税为 900（30 000×3%）元。请提出纳税筹划建议。

　　（1）如果由张太太申报大病医疗专项附加扣除 8 万元，那么 2022 年度张先生应纳个人所得税 =200 000×20%–16 920=23 080（元），张太太应纳个人所得税 0 元，节税 900 元。

　　（2）如果由张先生申报大病医疗专项附加扣除 8 万元，那么 2022 年度张先生应纳个人所得税 =（200 000–80 000）×10%–2 520=9 480（元），张太太应纳个人所得税 =30 000×3%=900（元），节税 13 600（23 080–9 480）元。

综上可见，对张先生夫妇而言，8 万元的大病医疗专项附加扣除抵税的最大额度是 13 600 元，应选择由张先生申报大病医疗专项附加扣除。

（二）全年一次性奖金单独计税和合并综合所得计税

财政部、税务总局发布 2021 年第 42 号公告，《财政部 税务总局关于个人所得税法修改后有关优惠政策衔接问题的通知》（财税〔2018〕164 号）规定的全年一次性奖金单独计税优惠政策，执行期限延长至 2023 年 12 月 31 日。

公告中的"全年一次性奖金"，是指行政机关、企事业单位等扣缴义务人根据全年经济效益和对雇员全年工作业绩的综合考核情况，向雇员发放的一次性奖金。一次性奖金也包括年终加薪、实行年薪制和绩效工资办法的单位根据考核情况兑现的年薪和绩效工资。这里需要注意，取得除全年一次性奖金以外的其他各种名目奖金，如半年奖、季度奖、加班奖、先进奖、考勤奖等，一律与当月工资、薪金收入合并，按税法规定缴纳个人所得税。

根据该公告，在 2023 年 12 月 31 日前，居民取得全年一次性奖金，存在单独计税、合并综合所得计税两种方式。

1. 单独计税

单独计税是指对个人获得的全年一次性奖金，不并入当年综合所得，以全年一次性奖金收入除以 12 个月得到的数额，按照按月换算后的综合所得税率表，确定适用税率和速算扣除数，计算应纳税额。计算公式如下。

应纳税额＝全年一次性奖金收入 × 适用税率 − 速算扣除数

全年一次性奖金除以 12 个月后，每月应纳税所得额低于 3 000 元，适用税率为 3%；如果在 3 000 ～ 12 000 元，适用税率为 10%，速算扣除数为 210；以此类推。按月换算后的综合所得税率表如表 3-8 所示。

表 3-8 按月换算后的综合所得税率表

级数	全月应纳税所得额	税率（%）	速算扣除数
1	不超过 3 000 元的部分	3	0
2	超过 3 000 元至 12 000 元的部分	10	210
3	超过 12 000 元至 25 000 元的部分	20	1 410
4	超过 25 000 元至 35 000 元的部分	25	2 660
5	超过 35 000 元至 55 000 元的部分	30	4 410
6	超过 55 000 元至 80 000 元的部分	35	7 160
7	超过 80 000 元的部分	45	15 160

全年一次性奖金单独计税时，无须考虑每月 5 000 元、专项扣除、专项附加扣除和依法确定的其他扣除。此外，取得的一笔全年一次性奖金，不能拆分计算，同一笔全年一次性奖金只能选择一种计算方式。

【例 3-4】2022 年年底，张某取得 3 万元全年一次性奖金，根据规定可以采取单独计税方法计算缴纳个人所得税。

按照单独计税方法，3 万元除以 12 个月，月平均 2 500 元，适用税率为 3%，速算扣除数为 0，那么张某取得的 3 万元全年一次性奖金应交个人所得税 =30 000×3%=900（元），税后全年一次性奖金为 29 100 元。

【例 3-5】2022 年年底，李某取得 30 万元全年一次性奖金，根据规定可以采取单独计税方式计算缴纳个人所得税。按照单独计税方式计算个人所得税如下。

（1）将全年一次性奖金除以 12 个月，300 000÷12=25 000（元）；

（2）根据每月的金额，在按月换算后的综合所得税率表中查找适用的税率和速算扣除数，税率是 20%，速算扣除数是 1 410。

（3）全年一次性奖金的应纳税额 =300 000×20%–1 410=58 590（元）

税后全年一次性奖金为 241 410（300 000–58 590）元。

根据《国家税务总局关于企业工资薪金和职工福利费等支出税前扣除问题的公告》（国家税务总局公告 2015 年第 34 号）第二条的规定，企业在年度汇算清缴结束前向员工实际支付的已预提汇缴年度工资薪金，准予在汇缴年度按规定扣除。例如，2022 年度企业计提的全年一次性奖金，2022 年未实际发放，但在次年汇算清缴前发放的，允许在计提年度也就是 2022 年度税前扣除。

2. 合并综合所得计税

居民个人取得全年一次性奖金，也可以选择并入当年综合所得计算缴纳个人所得税。

目前我国工资、薪金等综合所得适用七级超额累进税率，从 3% 到 45%。假设某个人应税收入超过 96 万元，那么超过的部分综合所得将适用最高税率 45%，如果选择将全年一次性奖金并入综合所得计税，那么差不多一半的全年一次性奖金需要纳税。

综合所得个人所得税税率表如表 3-9 所示。

表 3-9　综合所得个人所得税税率表

级数	全年应纳税所得额	税率（%）	速算扣除数
1	不超过 36 000 元的部分	3	0
2	超过 36 000 元至 144 000 元的部分	10	2 520
3	超过 144 000 元至 300 000 元的部分	20	16 920
4	超过 300 000 元至 420 000 元的部分	25	31 920
5	超过 420 000 元至 660 000 元的部分	30	52 920
6	超过 660 000 元至 960 000 元的部分	35	85 920
7	超过 960 000 的部分	45	181 920

【例 3-6】王某 2022 年每月的工资是 10 000 元，每月扣除"五险一金"1 000 元、专项附加扣除 1 000 元，2022 年发放 2021 年全年一次性奖金 50 000 元。如果全年一次性奖金合并综合所得计税，王某全年应缴纳多少个人所得税？

（1）并入全年一次性奖金后的年度综合所得应纳税所得额 =（10 000 × 12+50 000）−1 000 × 12−5 000 × 12−1 000 × 12=86 000（元）

（2）根据综合所得个人所得税税率表计算的个人所得税 =86 000 × 10%−2 520=6 080（元）

3. 如何选择

不同计税方式下的个人所得税是不一样的。在进行个人所得税年度综合汇算清缴时，可以对全年一次性奖金分别选择单独计税、合并综合所得计税进行对比，选择纳税额更小的计税方式。

全年一次性奖金单独计税对于低收入人群或者不以工资、薪金收入为主要来源的高收入人群而言并没有影响。

对于低收入人群，如果全年工资、薪金所得只有 4 万元，全年一次性奖金为 2 万元，那么可以选择合并综合所得计税。理由在于，目前个人所得税起征点为 6 万元，选择单独计税需要缴纳个人所得税 600（20 000×3%）元，而选择将全年一次性奖金并入综合所得不需要缴纳个人所得税。

对于不以工资、薪金为主要来源的高收入人群而言，其获得的是资本利得，属分类计税范畴，而全年一次性奖金计税仅适用于工资、薪金所得的计税，自然也不受影响。

【例 3-7】某公司高管章某 2022 年度取得工资、薪金所得 240 000 元（不含全年一次性奖金），获得全年一次性奖金 180 000 元。若不考虑其他所得、专项扣除、专项附加扣除和依法确定的其他扣除，章某全年一次性奖金采用哪种计税方式更节税？

（1）单独计税

全年工资、薪金所得应交个人所得税 =（240 000–60 000）×20%–16 920=19 080（元）

全年一次性奖金除以 12 个月等于 15 000（180 000÷12）元，适用税率 20%，速算扣除数为 1 410，应交个人所得税 =180 000×20%–1 410=34 590（元）。

全年应交个人所得税 =19 080+34 590=53 670（元）

（2）合并综合所得计税

全年应交个人所得税 =（240 000+180 000–60 000）×25%–31 920

$$=58\ 080（元）$$

综上，章某全年一次性奖金采用单独计税方式更节税。

【例3-8】某公司员工郑某2022年度取得工资、薪金所得45 000元（不含全年一次性奖金），获得全年一次性奖金30 000元。若不考虑其他所得、专项扣除、专项附加扣除和依法确定的其他扣除，郑某全年一次性奖金采用哪种计税方式更节税？

（1）单独计税

全年工资45 000元，小于60 000元，不用缴纳个人所得税。

全年一次性奖金除以12个月=30 000÷12=2 500（元），适用税率3%，速算扣除数为0，应交个人所得税=30 000×3%=900（元）。

全年应交个人所得税合计为900元。

（2）合并综合所得计税

全年应交个人所得税=（45 000+30 000–60 000）×3%=450（元）

综上，郑某全年一次性奖金采用合并综合所得计税方式更节税。

通常情况下，对中低收入者而言，全年一次性奖金采取合并综合所得计税方式更合适；对于高收入者而言，采取单独计税方式更合适。但由于个人收入（需综合考虑除工资、薪金外的其他劳务报酬、稿酬所得和特许权使用费等所得的情况）、专项扣除、专项附加扣除以及可享受的税收优惠等不同，同时还要注意税率换级出现税负突然加重的"临界点"，避免全年一次性奖金的"一元陷阱"。因此，个人需要根据自身实际情况，具体测算个人所得税后，对比择优，确定全年一次性奖金的计税方式。

要辨别获得的全年一次性奖金采用哪种计税方式对自己更有利，还有一个简单的方法，即在个人所得税App中先选择某一种计税方式，查看最终汇算后的纳税金额；不要确认，返回再选择另一种计税方式，查看最终汇算后的纳税金额；比较两种方式下哪种税额小，就选择哪种。

（三）避免全年一次性奖金的"一元陷阱"

【例3-9】王某和张某是同事。王某今年的全年一次性奖金是 36 000 元，张某的全年一次性奖金是 37 000 元，两人均选择了全年一次性奖金单独计税方式。但拿到全年一次性奖金时，两人都纳闷了：王某实际到手 34 920 元，而张某实际到手 33 510 元，王某竟然比张某实际到手的全年一次性奖金多！

这就是可能会出现的全年一次性奖金的"一元陷阱"，即多发一元全年一次性奖金需要多缴纳上千元个人所得税。因为全年一次性奖金在计算应该适用的税率时会出现一个临界点，只要超过临界点，不管超过多少，所对应的税率都会发生变化。之所以出现这种情况，主要是因为个人所得税实行的是超额累进税率。在全年一次性奖金单独计税方式下，以全年一次性奖金除以 12 个月得到的数额，对应税率表确定速算扣除数。虽然以全年一次性奖金除以 12 个月确定税率，但速算扣除数仍旧按 1 个月扣除，从而导致了全年一次性奖金的"一元陷阱"。

【例3-10】沿用【例3-9】，在全年一次性奖金单独计税的情况下，王某税前全年一次性奖金 36 000 元，每月平均 3 000 元，根据税率表，他需要缴纳个人所得税 1 080（36 000×3%）元，奖金最终到手 34 920 元；而张某税前全年一次性奖金 37 000 元，每月平均超过 3 000 元，适用 10% 税率，需要缴纳个人所得税 3 490（37 000×10%–210）元，奖金最终到手 33 510 元。这样，张某税前全年一次性奖金比王某多 1 000 元，实际到手却少了 1 410 元。

如果张某的全年一次性奖金为 36 001 元，那么张某与王某的税前奖金和个人所得税之间的对比就更夸张了，如表 3-10 所示。

表 3-10 王某与张某税前全年一次性奖金和个人所得税之间的对比

项目	王某的全年一次性奖金	张某的全年一次性奖金
税前全年一次性奖金	36 000 元	36 001 元
应交个人所得税	（1）36 000÷12=3 000（元） （2）适用税率3%，速算扣除数为0 （3）应交个人所得税＝36 000×3%–0=1 080（元）	（1）36 001÷12=3 000.08（元） （2）适用税率10%，速算扣除数为210 （3）应交个人所得税＝36 001×10%–210=3 390.1（元）
实际到手全年一次性奖金	36 000–1 080=34 920（元）	36 001–3 390.1=32 610.9（元）
结论：张某税前全年一次性奖金比王某多 1 元，税后到手反而比王某少了 2 309.1（34 920–32 610.9）元，因为张某须多交个人所得税 2 310.1（3 390.1–1 080）元		

因此，企业在发放全年一次性奖金时，应尽量避免全年一次性奖金刚好突破按月换算后的综合所得税率表中全月应纳税所得税额的临界点，使得全年一次性奖金适用税率提高，从而多缴纳个人所得税。有些企业没有充分重视员工的实际利益，往往会出现这种"多发少得"的情况。

但这种"多发少得"的情况只会在一个数额区间内出现，在区间内随着奖金金额的增加，增加的税额和增加的奖金之间的差额会越来越小，直到两者相等。之后又会回到奖金的增加幅度大于税额的增加幅度的状态，即多发奖金税后所得也能更多。这就相当于全年一次性奖金的一个"陷阱"，在某一个区间内多发奖金反倒是得不偿失的。

全年一次性奖金存在六个无效区间。无效区间计算如下。

全年一次性奖金在 36 000 元至 144 000 元的，设全年一次性奖金为 X，令其税后收益与上一级全年一次性奖金 36 000 元税后收益一致，则：$X-$（$X\times10\%-210$）$=36\ 000-36\ 000\times3\%$，得 $X=38\ 566.67$。也就是说，在（36 000，38 566.67）这个区间，多发全年一次性奖金会导致税后收益更少。其余全年一次性奖金无效区间计算方法同上。

可见，全年一次性奖金单独计税方式的特殊性，会导致奖金发放存在一些无效区间，即在这个区间内，奖金发得越多，到手的金额反而越少。

发放全年一次性奖金时如果不注意无效区间，就会出现"发得多、税款多、到手少"的情况，全年一次性奖金发得多的员工反而实际到手的奖金更少，这难免让员工心里不舒服。为了避免这一现象，企业需要合理确定全年一次性奖金数额，财务人员要精准计算，避免员工名义全年一次性奖金多，但因多纳税而实际到手年终奖减少。对于落入无效区间的奖金，可以并入工资发放，按照综合所得计税。

现在越来越多的企业意识到发放全年一次性奖金时存在"多发少得"的情况，开始合理安排全年一次性奖金以增加员工的净收入，做好工资和全年一次性奖金之间的调节。

【例 3-11】某企业新来的财务经理发现，企业原来的薪酬体系下，中层干部全年的收入为 12 万元，其中每月工资 5 000 元、全年一次性奖金 60 000 元。根据规定，工资不到起征点可以不用缴纳个人所得税，全年一次性奖金采取单独计税方式缴纳个人所得税 5 790 元。

由于大多数员工都存在一项或几项的专项附加扣除，财务经理建议企业调整薪酬体系，在全年收入 12 万元不变的基础上，调整为每月工资 6 000 元、全年一次性奖金48 000元。由于工资减去专项附加扣除仍在起征点之下，还是不用缴纳个人所得税，全年一次性奖金采取单独计税方式缴纳个人所得税4 590元。这样，年收入12万元的员工，净收入将增加1 200元。

有些单位为了节税，选择分期发放全年一次性奖金，这实际上是不合理的。根据规定，在一个纳税年度内，对每一个纳税人，全年一次性奖金的单独计税方式只允许采用一次。所以，如果全年一次性奖金分多次发放，只有一次可以采用单独计税方式，其余的都要并入综合所得计算个人所得税。这样，不仅没有免税额度，税率也会大大提高。

（四）工资变福利可双重节税

现在的求职者，在选择工作时很注重除工资外的各项福利待遇。对于企业来说，要懂得对工资、福利进行纳税筹划，避免多缴纳企业所得税和个人所得税，使企业和个人都获益。

1. 纳税筹划逻辑

税法中的工资、薪金，是指企业每一纳税年度支付给在本企业任职或者受雇的员工的所有现金形式或者非现金形式的劳动报酬，包括基本工资、奖金、津贴、补贴、年终加薪、加班工资，以及与员工任职或者受雇有关的其他支出。

职工福利费是一种福利性支出，在税法中主要有三类：企业内设福利部门设备、设施、人员等费用；为职工卫生保健、生活、住房、交通等所发放的各项补贴和非货币性福利；其他福利性质的支出，如困难补助、抚恤金等。

工资、薪金所得属于个人所得税的征收项目，而没有列入工资、薪金所得范畴的福利费不用缴纳个人所得税。按照规定，企业发生的福利费扣除限额为工资、薪金的14%，在此范围内的职工福利费是可以在企业所得税税前扣除的。

2. 免税的福利

根据《个人所得税法》及相关法律法规的规定，以下这些福利可以免征个人所得税。

（1）福利费、抚恤金、救济金

根据《个人所得税法》的规定，福利费、抚恤金、救济金不用缴纳个人所得税。福利费，是指根据国家有关规定，从企业、事业单位、国家机关、社会组织提留的福利费或者工会经费中支付给个人的生活补助费。救济金，是指各级人民政府民政部门支付给个人的生活困难补助费。

（2）按国家统一规定发放的补贴、津贴

根据《中华人民共和国个人所得税法实施条例》第十条的规定，国家统一规定发给的补贴、津贴，是指按照国务院规定发给的政府特殊津贴、院士津贴，以及国务院规定免予缴纳个人所得税的其他补贴、津贴。

（3）独生子女补贴、托儿补助费

根据《国家税务总局关于印发〈征收个人所得税若干问题的规定〉的通知》（国税发〔1994〕89号）的规定，个人按规定标准取得的独生子女补贴和托儿补助费，不征收个人所得税。但超过规定标准发放的部分应当并入工资、薪金所得缴纳个人所得税。独生子女补贴、托儿补助费具体标准遵循当地规定。

（4）生活补贴

按照国家统一规定发给的补贴、津贴免征个人所得税。根据《国家税务总局关于生活补助费范围确定问题的通知》（国税发〔1998〕155号）的规定，生活补助费，是指由于某些特定事件或原因而给纳税人或其家庭的正常生活造成一定困难，其任职单位按国家规定从提留的福利费或者工会经费中向其支付的临时性生活困难补助。

（5）差旅费津贴

根据国税发〔1994〕89号文件第二条的规定，差旅费津贴不属于工资、薪金性质的补贴、津贴或者不属于纳税人本人工资、薪金所得项目的收入，不征收个人所得税。具体免征额标准参考当地规定。

（6）误餐费

根据《财政部　国家税务总局关于误餐补助范围确定问题的通知》（财税字〔1995〕82号）的规定，按财政部门规定，个人因公在城区、郊区工作，不能在工作单位或返回就餐，确实需要在外就餐的，根据实际误餐顿数，按规定的标准领取的误餐费，不征收个人所得税。需要注意的是，一些企业以误餐补助名义发给职工的补贴、津贴，应当并入当月工资、薪金所得计征个人所得税。

（7）公务用车、通信补贴收入

根据《国家税务总局关于个人所得税有关政策问题的通知》（国税发〔1999〕58号）的规定，个人因公务用车和通信制度改革而取得的公务用车、通信补贴收入，扣除一定标准的公务费用后，按照工资、薪金所得项目计征个人所得税。之所以要扣除一定标准，是因为包括公务用车补贴在内的公务交通补贴中包含一定比例的公务费用，这部分公务费用应由企业承担，不构成员工的个人所得，不征收个人所得税。

（8）生育津贴

根据《财政部　国家税务总局关于生育津贴和生育医疗费有关个人所得

税政策的通知》（财税〔2008〕8号）的规定，生育妇女按照县级以上人民政府根据国家有关规定制定的生育保险办法，取得的生育津贴、生育医疗费或其他属于生育保险性质的津贴、补贴，免征个人所得税。

（9）商业健康保险

《财政部 税务总局 保监会关于将商业健康保险个人所得税试点政策推广到全国范围实施的通知》（财税〔2017〕39号）规定，单位统一组织为员工购买或者单位和个人共同负担购买符合规定的商业健康保险产品，单位负担部分应当实名计入个人工资薪金明细清单，视同个人购买，并自购买产品次月起，在不超过200元/月的标准内按月扣除。

3. 筹划思路

增加工资、薪金能增加员工个人的收入，满足其消费的需求，但由于工资、薪金所得个人所得税的税率是超额累进税率，当累进到一定程度时，新增工资、薪金带给个人的可支配现金将会逐步减少。因此，在同样可以满足员工消费需求情形下，企业可以考虑将员工现金性工资转为提供必需的福利待遇。

【例3-12】阳华公司共有100名员工。由于企业效益较好，公司员工的平均税前年薪为20万元，比同行业其他企业略高，但企业福利待遇一般。按照目前的薪酬体系，员工人均应纳税所得额为9.6万元。

新来的财务经理对目前的薪酬体系提出建议：充分利用税法规定的职工福利费、职工教育经费等，为员工提供培训、三顿工作餐、住宿等福利选项，由每位员工根据自身需求选用；选用公司福利的员工税前工资适当降低，以弥补公司提供上述福利的成本。综合计算之下，选择享受福利的员工税后总体收入可能更高。

上述方式下，阳华公司员工平均税前年薪降低了 1 万元（应纳税所得额为 8.6 万元），而企业福利支出（按规定均可以在企业所得税税前扣除）多了 100 万元。

（1）现有体系人均应交个人所得税：

人均应交个人所得税 =96 000×10%–2 520=7 080（元）

（2）新体系人均应交个人所得税：

人均应交个人所得税 =86 000×10%–2 520=6 080（元）

人均节税 =7 080–6 080=1 000（元）

工资与职工福利费的范围存在一定程度的重合。员工取得工资后需要支付的交通费、餐饮费、房租以及部分设备购置费等均可以由企业通过发放福利的方式来提供。根据税法的规定，我国目前个人工资、薪金所得的个人所得税，只是按照固定的费用扣除标准做相应扣除，并没有考虑个人的实际支出水平，从而使得利用非货币支付方式达到节税的目的成为可能。在既定工资、薪金总额的前提下，企业可以为员工支付一些服务费用，并把支付的这部分费用从应付给员工的货币工资中扣除。例如，由企业为员工提供住宿，即员工的住房由企业免费提供，在此基础上，降低员工相应数额的工资。

这样，企业和员工可实现双重节税。企业在不增加费用支出的情况下，可以把这些费用作为福利费、教育经费、工会经费支出，在计算企业所得税时分别按照计税工资总额的相应比例在税前扣除，这样既减少了企业所得税应纳税所得额，又可以为员工提供充分的福利。对于员工来说，既享受了企业提供的完善的福利，又减少了应纳个人所得税。

【例 3-13】李某准备到某公司任职，公司提出了两种待遇方案。

方案 1：每月税前工资 15 000 元，经测算，年度个人所得税应纳税所得额为 84 000 元。李某每月自行租房需支付房租 3 000 元。

方案 2：公司为李某提供住房（每月租金 3 000 元内，由公司与房东签约并支付房租），每月税前工资 12 000 元，经测算，年度个人所得税应纳税所得额为 48 000 元。

由于李某有住房贷款利息扣除，因此不能享受住房租金专项附加扣除政策。这种情形下，以上哪种方案对李某更有利？

方案 1：应交个人所得税 =84 000 × 10%–2 520=5 880（元）

方案 2：应交个人所得税 =48 000 × 10%–2 520=2 280（元）

综上，选择方案 2 更有利，李某可少交个人所得税 3 600 元。

企业应依照具体情况进行个性化设置，否则可能对企业造成不同程度的税务风险。需要注意的是，企业为员工提供的福利不能为现金或购物券。一般来说，企业可为员工提供的免税福利有：宿舍；免费的工作餐，且必须是不可转售的餐券等；上下班交通工具；根据劳动合同或协议确定的公用福利设施，如水、电、煤气、通信等；补充的养老保险或企业年金；多缴纳的住房公积金（当地政策许可的上限以下）；员工继续教育或其他培训；等等。不具备提供上述福利能力的中小企业也可以根据企业的实际情况，给予员工在教育、交通、通信、子女医疗等方面一定的报销额度，以达到员工薪酬福利化。但是，企业的各项福利列支应为政策准许，此外还要考虑员工不同的福利需求，提供有针对性的福利，切忌为了纳税筹划而搞"一刀切"，损害员工利益。

【例3-14】某公司在省会城市的办事处有员工10人，每位员工税前工资为每月20 000元（个人承担的社保、公积金为5 000元）。如果自行租房，每位员工每月需花费房租3 000元。根据规定，房租的专项附加扣除标准为1 500元/月（直辖市、省会城市、计划单列市以及国务院确定的其他城市，扣除标准为每月1 500元）（假设没有其他附加扣除）。企业发生的职工福利费，不超过工资、薪金总额14%的部分，准予在企业所得税税前扣除。

（1）员工自行租房

每位员工的个人所得税应纳税所得额＝（20 000–5 000）×12–5 000×12–1 500×12＝102 000（元）

每位员工应交个人所得税＝102 000×10%–2 520＝7 680（元）

（2）公司提供住房

虽然1 500元的房租可以作为专项附加扣除，但是不能覆盖全部的房租支出。此时，公司可以将员工工资中的3 000元转化为对员工的福利。这样，公司提供的住房福利，也能在企业所得税税前扣除。

具体操作办法：员工和公司签订合同的时候可以约定每位员工税前工资为每月17 000元，减少的3 000元转化为公司为员工提供的职工集体住房福利。此时，每位员工每月的应纳税工资就是17 000元，可以在一定程度上减少缴纳个人所得税。由于公司提供集体住房发生的租金费用属于非货币性福利费，不纳入计税工资总额，因此可以在企业所得税税前按一定标准扣除。

每位员工的个人所得税应纳税所得额＝（17 000–5 000）×12–5 000×12–1 500×12＝66 000（元）

每位员工应交个人所得税＝66 000×10%–2 520＝4 080（元）

个人所得税节税额＝7 680–4 080＝3 600（元）

（五）劳务报酬所得与个人所得税

劳务报酬所得是指个人从事劳务取得的所得，包括从事设计、装潢、安装、制图、化验、测试、医疗、法律、会计、咨询、讲学、翻译、审稿、书画、雕刻、影视、录音、录像、演出、表演、广告、展览、技术服务、介绍服务、经纪服务、代办服务以及其他劳务取得的所得。

劳务报酬所得也应按规定缴纳个人所得税。劳务报酬所得、稿酬所得、特许权使用费所得，属于一次性收入的，以取得该项收入为一次；属于同一项目连续性收入的，以一个月内取得的收入为一次。

劳务报酬所得的应纳税额计算公式为：每次劳务报酬收入不足 4 000 元的，应纳税额 =（每次收入 –800）× 适用税率；每次劳务报酬收入超过 4 000 元的，应纳税额 = 劳务报酬所得 ×（1–20%）× 适用税率 – 速算扣除数。

次劳务报酬收入超过 4 000 元的预扣率与速算扣除数如表 3-11 所示。

表 3-11　次劳务报酬收入超过 4 000 元的预扣率与速算扣除数

级数	预扣预缴应纳税所得额	预扣率（%）	速算扣除数
1	不超过 20 000 元的	20	0
2	超过 20 000 元至 50 000 元的部分	30	2 000
3	超过 50 000 元的部分	40	7 000

目前，劳务合同中比较常见的条款是：甲方支付全部劳务报酬，费用由乙方自负。其实，这种条款并不利于节税。很多时候，由甲方承担相关费用，乙方获得净报酬，反而对双方更有利。

首先，对于企业来说，如果企业承担相关费用，企业的实际支出没有增加，甚至还有可能有所减少。因为对有条件的企业来说，为员工提供住宿、餐饮相对比较方便，企业的负担不会因此而增加多少。而且，企业承担相关费用，相应地，支付给个人的报酬可以减少，个人所需缴纳的个人所得税也就变少了。

其次，对于提供劳务的个人来说，费用自负，获取的现金收益正常情况下会更高，但同时也需要承担更多的个人所得税，扣除应纳税款及各项费用开支后，实际所得可能会更低。

【例 3-15】张某为某公司提供劳务，双方约定该项劳务价值 30 万元，张某为该项目投入的交通、材料等费用为 10 万元。有以下两种方案可供选择。

方案 1：张某与该公司签订全额的劳务合同，合同约定该公司一次性支付张某 30 万元。

方案 2：张某与该公司签订净额的劳务合同，合同约定该公司一次性支付张某 20 万元，张某因该项目发生的交通等费用由该公司承担。

以上哪种方案更有利？

方案 1：

个人所得税应纳税所得额 =300 000×（1-20%）=240 000（元）

应交个人所得税 =240 000×40%-7 000=89 000（元）

税后收入 =300 000-100 000-89 000=111 000（元）

方案 2：

个人所得税应纳税所得额 =200 000×（1-20%）=160 000（元）

应交个人所得税 =160 000×40%-7 000=57 000（元）

税后收入 =200 000-57 000=143 000（元）

综上，方案 2 由于为提供劳务而支付的费用 100 000 元由公司负担，张某不用缴纳个人所得税，从而使得税后收入更高，对张某更有利。

通常情况下，对于劳务合同，应从以下几个角度进行考虑。

第一，将劳务报酬费用化。企业在与服务对象签订劳务合同时，明确为净额劳务合同，即实际签订劳务合同时，明确发生的相关费用如交通费、住宿费、伙食费等由服务对象承担，这样可以减少劳务报酬的个人所得税应纳税所得额。由于这部分费用会从减少的应付报酬中得到补偿，企业也不会增加额外负担。

第二，个人可以将一次劳务活动分次提供，这样就可以使每次的应纳税所得额相对较少。劳务报酬所得实行的是20%的比例税率，但对一次收入畸高的，实行加成征收。超额累进税率的一个重要特点就是随着应纳税所得额的增加，应纳税额占应纳税所得额的比重越来越大，而分散收入可以达到节税的目的。

第三，在合同中一定要明确税款由谁支付，税款支付方不同，个人最终得到的实际收益也会不一样。

第四章

消费税涉税业务处理

一、利用连续生产抵扣已纳税款

按税法的相关规定，纳税人自产自用的应税消费品，用于连续生产应税消费品的，不缴纳消费税；用外购的已纳消费税的产品连续生产应税消费品的，可以扣除外购的应税消费品已纳的消费税税款；委托加工的应税消费品因为已由受托方代收代缴消费税，委托方收回货物后用于连续生产应税消费品的，其已纳税款准予按照规定从连续生产的应税消费品应纳消费税税额中抵扣。

可见，税法对连续生产应税消费品的相关规定是符合消费税征税环节单一的特点的。在实际经营活动中，纳税人连续生产应税消费品时，应注意以下几点。

（1）用外购的已纳消费税的产品连续生产应税消费品时，可以扣除外购应税消费品已纳的消费税税款，在计税时应按当期生产领用数量，计算准予扣除数额。外购应税消费品准予扣除消费税税款的情形如表 4-1 所示。

表 4-1　外购应税消费品准予扣除消费税税款的情形

情形	计算公式
外购从价征收的应税消费品	当期准予扣除的外购应税消费品已纳税款 = 当期准予扣除的外购应税消费品买价 × 外购应税消费品的适用税率 当期准予扣除的外购应税消费品买价或数量 = 期初库存的外购应税消费品的买价或数量 + 当期购进的应税消费品的买价或数量 − 期末库存的外购应税消费品的买价或数量
外购从量征收的应税消费品	当期准予扣除的外购应税消费品已纳税款 = 当期准予扣除的外购应税消费品数量 × 外购应税消费品的适用税额 当期准予扣除的外购应税消费品买价或数量 = 期初库存的外购应税消费品的买价或数量 + 当期购进的应税消费品的买价或数量 − 期末库存的外购应税消费品的买价或数量
当期投入生产的原材料可抵扣的已纳消费税大于当期应纳消费税不足抵扣的部分	可以在下期继续抵扣

（2）外购已税烟丝生产的卷烟，外购已税高档化妆品生产的高档化妆品，外购已税珠宝玉石生产的贵重首饰及珠宝玉石，外购已税鞭炮焰火生产的鞭炮焰火，外购已税杆头、杆身和握把生产的高尔夫球杆，外购已税木制一次性筷子生产的木制一次性筷子，外购已税实木地板生产的实木地板，外购已税汽油、柴油、石脑油、燃料油、润滑油用于连续生产应税成品油等，计税时准予扣除外购已税消费品已纳的消费税税款。

（3）纳税人用外购的已税珠宝玉石生产的在零售环节征收消费税的金银首饰（镶嵌首饰），在计税时一律不准扣除外购珠宝玉石的已纳税款。

（4）允许扣除已纳税款的应税消费品只限于从工业企业购进的应税消费品，对从商业企业购进应税消费品的已纳税款一律不得扣除。因此，纳税人在选择供货方时一定要注意选择工业企业，以便合法地进行抵扣。

（5）用委托加工收回的已税消费品连续生产应税消费品，其已纳税款的扣除规定与外购应税消费品基本一样。

（6）自2018年3月1日起，外购、进口和委托加工收回的汽油、柴油、石脑油、燃料油、润滑油用于连续生产应税成品油的，应凭通过增值税发票选择确认平台确认的成品油专用发票、海关进口消费税专用缴款书、税收缴款书（代扣代收专用），按规定计算扣除已纳消费税税款，其他凭证不得作为消费税扣除凭证。

（7）在连续生产应税消费品抵扣已纳消费税时，企业首先要了解哪些消费品的已纳消费税允许扣除，其次要将可扣除的消费税尽可能全部扣除，最后要提供必要的会计核算记录，形成计税依据。

【例4-1】某珠宝有限公司以珠宝玉石为主要经营项目，但该公司并不生产珠宝玉石，而只是购进珠宝玉石后，经过简单的组合或加工，再将珠宝玉石销售出去。2022年7月初，该公司库存的外购珠宝玉石价值30万元，当月还从商业企业购进价值100万元的珠宝玉石，月末库存的外购珠宝玉石价值50万元。此外，该月该公司共销售珠宝玉石150万元，货款已收讫。珠宝玉石的消费税税率为10%。

月末纳税申报时，该公司财务人员计算出应纳消费税为7万元，其计算方法如下。

应纳消费税=150×10%−（30+100−50）×10%=7（万元）

但税务机关经过详细审核后，明确指出该公司外购的珠宝玉石已纳消费税税款不能抵扣，实际应纳消费税15（150×10%）万元。因为根据规定，允许扣除已纳税款的应税消费品只限于从工业企业购进应税消费品，对从商业企业购进应税消费品的已纳税款一律不得扣除。该公司不生产珠宝玉石，只是购进后，经过进一步加工、包装、组合后出售，其外购珠宝玉石已纳税款本应可以抵扣，但其从商业企业而不是工业企业购进珠宝石，导致已纳的消费税无法抵扣。

因此，当纳税人决定外购应税消费品用于连续生产应税消费品时，应选择工业企业进行购买。所谓连续生产应税消费品，是指生产出应税消费品后直接转入下一生产环节，未经市场流通。工业企业是纳税人外购应税消费品的首选渠道，除非工业企业的价格扣除已纳消费税税款后的余额比商业企业的价格高。

二、委托加工有节税空间

委托加工的应税消费品，是指由委托方提供原料和主要材料，受托方只收取加工费和代垫部分辅助材料加工的应税消费品。对于由受托方提供原材料生产的应税消费品，或者受托方先将原材料卖给委托方，然后再接受加工的应税消费品，以及由受托方以委托方名义购进原材料生产的应税消费品，不论在财务上是否作为销售处理，都不得作为委托加工应税消费品，而应当按照销售自制应税消费品缴纳消费税。

委托加工的应税消费品，除受托方为个人外，由受托方在向委托方交货时代收代缴消费税税款。委托加工的应税消费品，委托方用于连续生产应税消费品的，所纳税款准予按规定抵扣。

委托加工的应税消费品，按照受托方的同类消费品的销售价格计算纳税；没有同类消费品销售价格的，按照组成计税价格计算纳税。

实行从价定率办法计算纳税的组成计税价格计算公式如下：

组成计税价格＝（材料成本＋加工费）÷（1－比例税率）

实行复合计税办法计算纳税的组成计税价格计算公式如下：

组成计税价格＝（材料成本＋加工费＋委托加工数量 × 定额税率）÷
（1－比例税率）

委托加工应税消费品存在着以下两个节税机会。

第一，材料成本的确定。按照《中华人民共和国消费税暂行条例实施细则》（以下简称《消费税暂行条例实施细则》）的规定，材料成本，是指委托方所提供加工材料的实际成本。委托加工应税消费品的纳税人，必须在委托加工合同上如实注明（或者以其他方式提供）材料成本，凡未提供材料成本的，受托方主管税务机关有权核定其材料成本。因此材料成本数额的大小直接关系到纳税人应纳消费税的数额。当然委托方不能随便压低材料成本，该项筹划应有一定的限度，否则就有可能被当地主管税务机关重新核定材料成本。

第二，加工费的确定。加工费，是指受托方加工应税消费品向委托方收取的全部费用（包括代垫辅助材料的实际成本）。加工费数额的大小也会影响企业的应纳税额，双方当事人可以就其数额进行协商。

此外，委托加工的应税消费品与自行加工的应税消费品的税基不同。委托加工时，受托方（个体工商户除外）代收代缴消费税税款，税基为组成计税价格或同类产品销售价格；自行加工时，消费税税基为产品销售价格。通常情况下，委托方收回委托加工的应税消费品后，要以高于成本的价格售出以求盈利。不论委托加工费大于或小于自行加工成本，只要收回的应税消费品的计税价格低于收回后的直接出售价格，委托加工应税消费品的税负就会轻于自行加工的税负。对委托方来说，其产品售价高于收回委托加工应税消费品的计税价格部分，实际上并未纳税。

企业在计算企业所得税应纳税所得额时，消费税作为价内税，可以在企业所得税税前扣除，因此，消费税的多少，会进一步影响企业所得税，进而影响企业的税后利润和所有者权益。而作为价外税的增值税，则不会因增值税税负差异而造成企业税后利润差异。

应税消费品加工方式不同也会导致纳税人税负不同。因此，纳税人可以通过应税消费品加工方式进行纳税筹划，可以利用关联方关系，降低委托加工成本，达到节税目的。即使双方不具有关联方关系，纳税人也可以在估算委托加工成本上限的基础上，事先测算企业税款，确定委托加工费的上限。

【例4-2】甲厂有一批应税消费品需要加工。现有三种加工方案：一是委托乙厂加工成半成品，原材料成本200万元，协议加工费100万元，甲厂收回后继续加工，自行加工成本费用共计100万元；二是由乙厂直接加工成产成品，甲厂收回后直接出售，加工费为200万元；三是甲厂自己加工，加工成本费用为200万元。该应税消费品的消费税税率为30%，市场销售价为700万元。企业所得税税率为25%。

（1）委托乙厂加工成半成品，收回后甲厂继续加工为产成品，自行加工成本100万元。

①甲厂向乙厂支付加工费的同时，向乙厂支付其代收代缴的消费税。

消费税组成计税价格=（200+100）÷（1–30%）=428.57（万元）

应纳消费税=428.57×30%=128.57（万元）

②甲厂将收回的半成品加工成产成品对外销售。

应纳消费税=700×30%–128.57=81.43（万元）

③甲厂的税后利润。

税后利润=（700−200−100−128.57−100−81.43）×（1−25%）=67.5（万元）

（2）委托乙厂直接加工成产成品，甲厂收回后直接出售。

①甲厂向乙厂支付加工费的同时，向其支付由其代收代缴的消费税。

应纳消费税=（200+200）÷（1−30%）×30%=171.43（万元）

②由于委托加工应税消费品收回后直接对外销售，甲厂在销售时，不必再缴纳消费税，税后利润如下。

税后利润=（700−200−200−171.43）×（1−25%）=96.43（万元）

（3）甲厂自行加工并对外销售。

①应纳消费税=700×30%=210（万元）

②税后利润=（700−200−200−210）×（1−25%）=67.5（万元）

（4）分析评价。

可见，在加工材料成本相同、最终售价相同的情况下，委托乙厂直接加工成产成品显然对甲厂最为有利，税后利润比其他两种方式多28.93（96.43−67.5）万元。而在一般情况下，直接委托受托方加工成产成品支付的加工费要比向受托方支付的半成品加工费与委托方收回半成品后自己再发生的加工费之和要少，因此其税后利润会更大。

第一种方式（委托乙厂加工成半成品，甲厂收回后继续加工成产成品）和第三种方式（甲厂自行加工）表面上看应纳消费税总额和税后利润总额相同，但在实际中，自行加工的成本通常会更大，因此一般情况下，自行加工方式的税后利润最少。

对受托方来说，不论哪种方式，代收代缴的消费税都与其盈利无关，只有收取的加工费与其盈利有关。

三、设立独立核算销售部门

根据规定，纳税人通过自设非独立核算门市部销售的自产应税消费品，应当按照门市部对外销售额或者销售数量计算征收消费税。

我们知道，消费税的纳税行为发生在生产领域（包括生产、委托加工和进口），而非流通领域或消费环节（金银首饰除外）。因而，关联企业中生产（委托加工、进口）应税消费品的企业，在零售等特殊情况下，如果以不违反公平交易的销售价格将应税消费品销售给其独立核算的销售部门，则可以降低销售额，从而减少应纳消费税税额。而独立核算的销售部门，由于处在销售环节，只缴纳增值税，不缴纳消费税，可使集团的整体消费税税负减轻，但增值税税负不变。

这里应当注意：由于独立核算的销售部门与生产企业之间存在关联关系，按照税收征管规定，企业或者外国企业在中国境内设立的从事生产、经营的机构、场所与其关联企业之间的业务往来，应当按照独立企业之间的业务往来收取或者支付价款、费用；不按照独立企业之间的业务往来收取或者支付价款、费用，而减少其应纳税收入或者所得额的，税务机关有权进行合理调整。因此，企业销售给下属销售部门的价格应当参照销售给其他商家当期的平均价格确定，如果销售价格明显偏低，主管税务机关将会对其价格重新进行调整。

【例4-3】某酒厂主要生产粮食白酒，产品销往全国各地。按照以往的经验，本市的一些商业零售户、酒店、消费者每年到工厂直接购买的白酒大约3 000箱（每箱500千克），销售价格为每箱550元。为了提高企业的盈利水平，企业在本市设立了一个独立核算的白酒经销部。该厂按照销售给其他批发商的产品价格与经销部结算，每箱 500 元，经销部再以每箱 550 元的价格对外销售。白酒实行复合计税：20% 加 0.5 元 /500 克（或者 500 毫升）。假设经销部设立前后该酒厂的销售水平相同。

设立经销部前应纳消费税 = 3 000 × 550 × 20% + 3 000 × 1 000 × 0.5

= 1 830 000（元）

设立经销部后应纳消费税 = 3 000 × 500 × 20% + 3 000 × 1 000 × 0.5

= 1 800 000（元）

节税额 = 1 830 000 – 1 800 000 = 30 000（元）

如果经销部为非独立核算部门，则起不到节税的效果。

四、"先销售，后包装"好处多

随着人们生活和消费水平的提高，成套消费品的市场需求日益扩大。对于企业来讲，销售成套消费品，不仅可以扩大本企业产品的市场需求，而且可以增强企业在市场中的竞争优势。

但是税法规定，纳税人将应税消费品与非应税消费品，以及适用税率不同的应税消费品组成成套消费品销售的，应根据销售金额按应税消费品的最高税率纳税。习惯上，工业企业销售产品，采取"先包装，后销售"方式。按照上述规定，如果改成"先销售，后包装"方式，不仅可以减轻消费税税负，而且增值税税负仍然保持不变。由于现行消费税采取单环节课征制度，除金银首饰、高档小汽车等在零售环节征收外，其余均只在生产、委托加工或进口环节征税。因此，工业企业在出厂之后再将适用不同税率的产品组成成套消费品对外销售，就不必再按照较高税率缴纳消费税。

对于生产厂家，可以在分别销售以上各种产品的同时，向购货方提供相应的礼盒包装物。当消费者在零售环节购买以上产品时，可以根据需要选择是否使用礼盒。这样，企业既减轻了消费税负担，又增加了消费者的消费选择，可谓一举两得。

对于一些不适宜在零售环节组合成套的消费品，企业还可以通过独立核算的销售公司进行产品的组合销售。例如，卷烟厂可以在产品出厂后，在再次批发销售之前，将卷烟与其他产品（打火机、钱夹等）组成礼盒，适当加价后销售。通过将"成套"环节后移，企业可以避免就礼盒中的非消费税应税产品缴纳消费税。

【例4-4】某日用化妆品厂，将生产的高档化妆品、护肤护发品组成成套消费品销售。每套消费品由价值50元的高档化妆品和价值35元的护肤护发品组成。高档化妆品消费税税率为15%，护肤护发品不用缴纳消费税，上述价格均不含税。

（1）将产品包装后再销售给商家。

应纳消费税＝（50+35）×15%=12.75（元）

（2）将上述产品先分别销售给商家，再由商家包装后对外销售。（注：实际操作中，只是换了包装地点，并将产品分别开具发票，账务上分别核算销售收入即可。）

应纳消费税=50×15%=7.5（元）

这样，每套化妆品可节税5.25（12.75–7.5）元。

五、分别核算可节税

根据规定，纳税人兼营不同税率的应当缴纳消费税的消费品（以下简称"应税消费品"），应当分别核算不同税率应税消费品的销售额、销售数量；未分别核算销售额、销售数量，或者将不同税率的应税消费品组成成套消费品销售的，从高适用税率。因此，企业兼营不同税率应税消费品时，能单独核算的最好单独核算，以减轻企业的税收负担。

【例 4-5】某酒厂既生产税率为 250 元 / 吨的甲类啤酒，又生产税率为 220 元 / 吨的乙类啤酒。8 月，该厂对外销售 1 000 吨甲类啤酒，销售收入 10 000 000 元；销售 500 吨乙类啤酒，销售收入 400 000 元。

（1）分别核算情形下

甲类啤酒应纳消费税 =1 000×250=250 000（元）

乙类啤酒应纳消费税 =500×220=110 000（元）

合计应纳消费税 =250 000+110 000=360 000（元）

（2）未分别核算情形下

如果该酒厂未分别核算，那么应根据税率从高的原则，即按照甲类啤酒的税率计算应纳消费税。

应纳消费税 =（1 000+500）×250=375 000（元）

由此可见，如果企业将两种啤酒的销售额分别核算，那么可节税 15 000（375 000-360 000）元。

第五章

其他税种的涉税业务处理

一、印花税的税收学问

印花税是对在经济活动和经济交往中书立、领受具有法律效力的凭证的行为征收的一种税。印花税属于行为税类税种，因采用在应税凭证上粘贴印花税票作为完税的标志而得名。

（一）印花税税率

自 2022 年 7 月 1 日起，《中华人民共和国印花税法》（以下简称《印花税法》）正式施行。印花税税目税率表如表 5-1 所示。

表 5-1　印花税税目税率表

税目		税率	备注
合同（指书面合同）	借款合同	借款金额的万分之零点五	指银行业金融机构、经国务院银行业监督管理机构批准设立的其他金融机构与借款人（不包括同业拆借）的借款合同
	融资租赁合同	租金的万分之零点五	

（续表）

	税目	税率	备注
合同（指书面合同）	买卖合同	价款的万分之三	指动产买卖合同（不包括个人书立的动产买卖合同）
	承揽合同	报酬的万分之三	
	建设工程合同	价款的万分之三	
	运输合同	运输费用的万分之三	指货运合同和多式联运合同（不包括管道运输合同）
	技术合同	价款、报酬或者使用费的万分之三	不包括专利权、专有技术使用权转让书据
	租赁合同	租金的千分之一	
	保管合同	保管费的千分之一	
	仓储合同	仓储费的千分之一	
	财产保险合同	保险费的千分之一	不包括再保险合同
产权转移书据	土地使用权出让书据	价款的万分之五	转让包括买卖（出售）、继承、赠与、互换、分割
	土地使用权、房屋等建筑物和构筑物所有权转让书据（不包括土地承包经营权和土地经营权转移）	价款的万分之五	
	股权转让书据（不包括应缴纳证券交易印花税的）	价款的万分之五	
	商标专用权、著作权、专利权、专有技术使用权转让书据	价款的万分之三	
营业账簿		实收资本（股本）、资本公积合计金额的万分之二点五	
证券交易		成交金额的千分之一	

（二）合并汇总申报的处理

纳税人应当根据书立印花税应税合同、产权转移书据及营业账簿和证券交易情况填写《印花税税源明细表》，进行财产行为税综合申报。合同数量较多且属于同一税目的，可以合并汇总填写《印花税税源明细表》。

【例5-1】甲企业按季度申报缴纳印花税，2022年第三季度书立买卖合同5份，合同所列价款（不包括列明的增值税税款）共计200万元，书立建筑工程合同1份，合同所列价款（不包括列明的增值税税款）共计2 000万元，书立产权（土地使用权）转移书据1份，合同所列价款（不包括列明的增值税税款）共计2 000万元。

那么，该企业应在书立应税合同、产权转移书据时填写《印花税税源明细表》，在2022年10月纳税申报期进行财产行为税综合申报，应缴纳的印花税计算如下。

甲企业2022年10月纳税申报期应缴纳印花税=200×0.3‰+2 000×0.3‰+2 000×0.5‰=1.66（万元）

【例5-2】乙企业按季度申报缴纳印花税，2022年第三季度书立财产保险合同100万份，合同所列保险费（不包括列明的增值税税款）共计200 000万元。该纳税人应在书立应税合同时填写《印花税税源明细表》，在2022年10月纳税申报期进行财产行为税综合申报，应缴纳的印花税计算如下。

乙企业2022年10月纳税申报期应缴纳印花税=200 000×1‰
=200（万元）

（三）未列明金额的处理

经济活动中，经常会出现纳税人书立合同、产权转移书据未列明金额，需要后续实际结算时才能确定金额的情况。对于这种情况，纳税人应于书立应税合同、产权转移书据的首个纳税申报期申报应税合同、产权转移书据书立情况，在实际结算后下一个纳税申报期，以实际结算金额计算申报缴纳印花税。

【例 5-3】某企业实行按季度申报缴纳印花税，2022 年 7 月 17 日书立豆粕买卖合同 1 份，合同列明了买卖豆粕数量，并约定在实际交付豆粕时，以交付当日市场报价确定成交价据以结算。2022 年 11 月 8 日按合同结算买卖豆粕价款 300 万元，2023 年 1 月 12 日按合同结算买卖豆粕价款 500 万元。那么，该企业应在书立应税合同以及实际结算时，填写《印花税税源明细表》，分别在 2022 年 10 月、2023 年 1 月、2023 年 4 月纳税申报期进行财产行为税综合申报，具体如下。

2022 年 10 月纳税申报期应缴纳印花税 =0×0.3‰=0

2023 年 1 月纳税申报期应缴纳印花税 =300×0.3‰=0.09（万元）

2023 年 4 月纳税申报期应缴纳印花税 =500×0.3‰=0.15（万元）

（四）含税不含税差别大

根据《印花税法》的相关规定：应税合同的计税依据，为合同所列的金额，不包括列明的增值税税款；应税产权转移书据的计税依据，为产权转移书据所列的金额，不包括列明的增值税税款。如果纳税人签订合同是含税价，未单独列明增值税的，则需按全额计缴印花税。简单来说，关于应税合同金额是否包含增值税有以下三种情形。

（1）如果应税合同中只有不含税金额，以不含税金额作为印花税的计税依据。

（2）如果应税合同中既有不含税金额又有增值税金额，且分别记载的，以不含税金额作为印花税的计税依据。

（3）如果应税合同所载金额中包含增值税金额，但未分别记载的，以合同所载金额（即含税金额）作为印花税的计税依据。

【例5-4】凯华技术有限公司与某客户签订了一笔设备买卖合同，合同不含税价款1 000 000元，增值税130 000元，价税合计金额1 130 000元。根据规定，买卖合同的印花税税率为万分之三。

（1）如果在合同中仅注明货物含税金额总计1 130 000元，那么应以合同所载金额（即含税金额）作为印花税的计税依据。

应纳印花税=1 130 000×0.3‰=339（元）

（2）如果在合同中仅注明货物不含税金额为1 000 000元，未列明增值税金额和含税金额，那么应以不含税金额作为印花税的计税依据。

应纳印花税=1 000 000×0.3‰=300（元）

（3）如果在合同中注明货物不含税金额1 000 000元，增值税130 000元，那么应以不含税金额作为印花税的计税依据。

应纳印花税=1 000 000×0.3‰=300（元）

综上，第二种和第三种合同签订方式比第一种合同签订方式节省印花税39（339-300）元。

二、房产税也有筹划空间

房产税是以房屋为征税对象，按房屋的计税余值或租金收入为计税依据，向产权所有人征收的一种财产税。房产税属于财产税，按年征收，分期缴纳。

房产税由产权所有人缴纳。房产税依照房产原值一次减除10%至30%后的余值计算缴纳，税率为1.2%；房产出租的，以房产租金收入为房产税的计税依据，税率为12%。

【例5-5】某企业拥有原值1 000万元的房产。根据当地政府规定，须按原值一次性扣除20%后的余值缴纳房产税，税率为1.2%。

年应交房产税=1 000×（1-20%）×1.2%=9.6（万元）

【例5-6】某企业将原值1 000万元的房产以每年50万元的价格租给其他公司使用，按租金收入的12%缴纳房产税。

年应交房产税=50×12%=6（万元）

（一）分开核算可减轻税负

企业出租房屋时，通常会附带房屋内部或外部的一些附属设施及提供配套服务，例如机器设备、办公用具、附属用品、物业管理服务等。税法上对这些设施并不征收房产税。如果把这些设施与房屋不加区别地同时列入一份租赁合同里，那么这些设施也就需要缴纳房产税，无形中加重了企业的税负。

【例5-7】某物业公司将一幢商业用房对外出租，租赁合同约定年租金1 100万元（含物业费100万元），每年一次性收取。以上价格均不含税。假设不考虑附加税费、印花税等，也不考虑相关税收优惠。

应交增值税 =1 100×9%=99（万元）

应交房产税 =1 100×12%=132（万元）

合计税费 =99+132=231（万元）

如果签订合同时根据实际情况将房租和物业服务分开：签订房屋租赁合同，年租金1 000万元；签订物业管理合同，年物业费100万元。

房租应交增值税 =1 000×9%=90（万元）

物业服务应交增值税 =100×6%=6（万元）

应交房产税 =1 000×12%=120（万元）

合计税费 =90+6+120=216（万元）

综上，在对房租和物业服务分别签订合同的情况下，可以节税15（231-216）万元。

（二）房产出资不如出租

成立公司需要有经营场所，于是，在设立公司时，有些股东会以自身拥有的房屋使用权出资或无偿提供给公司使用。可是，这种行为有可能导致公司缴纳更多的税费。例如，在房产税方面，企业的房产需要按规定缴纳房产税；如果股东将房屋出租给公司使用，公司既不需要缴纳房产税，租金又可以在税前扣除。如果房屋需要过户，更是会产生诸如契税、个人所得税、印花税等各项费用。

【例5-8】甲和乙合伙创业，成立了一家公司。为节省费用，甲用自家的房屋注册成为办公地点，该房屋价值500万元。

在甲以房屋使用权出资前，该房屋属于个人非营业用房产，按规定免缴房产税。现在把它用来作为公司办公场所，变成了营业用房，按规定需要按房产余值计算缴纳房产税。假设当地规定房产税扣除比例为30%，那么应交房产税=500×（1-30%）×1.2%=4.2（万元）。而且，房产税需按年缴纳。

其实，如果由甲将该房屋租赁给公司，那么情况就完全不一样了。例如，甲将该房屋的其中一部分出租给公司，每月租金2 000元。按规定，房产出租的，按租金收入计算缴纳房产税，而且房产税的纳税人变成了个人，而不是公司。这样算来，甲出租住房每年的收入为24 000元，房产税按12%计算，每年仅需缴纳2 880元的房产税。

（三）转变收入项目

我们知道，房产税有两种计征方式：一种是从价计征，按房产余值计算；另一种是从租计征，按租金收入计算。不同计征方式计算的房产税必然会有差异，从而导致应纳房产税税额的不同。这就有了纳税筹划的空间，企业可以根据实际情况选择计征方式，通过比较两种方式下税额的大小，选择税额小的计征方式，以达到节税的目的。

【例5-9】某企业有一栋闲置库房，房产原值为 3 000 万元。为盘活资产，现有两个方案可供选择。

（1）将闲置库房出租收取租赁费，年租金收入为 300 万元（不含税）；

（2）将库房改为仓库，为客户提供仓储服务收取仓储费，年仓储服务收入为 300 万元（不含税），但需增加一名仓库保管员，新增人员费用每年 3 万元。

从税收上考虑（只考虑金额较大的房产税和增值税，其他税种由于金额较小不作考虑），哪种方案对企业更有利？当地规定，房产税依照房产原值一次性减除30%后的余值计算缴纳。

（1）企业将闲置库房出租收取租赁费，主要应缴纳房产税和增值税。房产税按收取的租金计算，税率为 12%；不动产租赁的增值税税率为 9%。

应交房产税 =300×12%=36（万元）

应交增值税 =300×9%=27（万元）

合计应交税费 =36+27=63（万元）

（2）企业将库房改为仓库提供仓储服务，收入性质改变了，从租赁收入转变为仓储服务收入。提供仓储服务，库房应按房产余值缴纳房产税，税率为 1.2%；仓储服务收入的增值税税率为 6%。

应交房产税 =3 000×（1–30%）×1.2%=25.2（万元）

应交增值税 =300×6%=18（万元）

合计应交税费 =25.2+18=43.2（万元）

综上可见，将单纯的房屋租赁改变为仓储保管服务，应交税费减少了 19.8 万元。虽然提供仓储服务需要增加人员费用 3 万元，但总体收益还是增加了 16.8 万元。

三、"六税两费"减免政策应享尽享

　　根据《国家税务总局关于进一步实施小微企业"六税两费"减免政策有关征管问题的公告》（国家税务总局公告 2022 年第 3 号，以下简称《公告》），各省、自治区、直辖市人民政府根据本地区实际情况以及宏观调控需要，确定对增值税小规模纳税人、小型微利企业、个体工商户可以在 50% 的税额幅度内减征资源税、城市维护建设税、房产税、城镇土地使用税、印花税（不含证券交易印花税）、耕地占用税和教育费附加、地方教育附加（以下简称"六税两费"）。其中，"六税"是指资源税、城市维护建设税、房产税、城镇土地使用税、印花税（不含证券交易印花税）、耕地占用税；"两费"是指教育费附加、地方教育附加。

（一）享受主体

　　享受"六税两费"减免政策的范围为增值税小规模纳税人、小型微利企业和个体工商户。增值税小规模纳税人、小型微利企业和个体工商户已依法享受资源税、城市维护建设税、房产税、城镇土地使用税、印花税、耕地占用税、教育费附加、地方教育附加其他优惠政策的，可叠加享受本次出台的减免优惠。

　　增值税小规模纳税人按规定登记为一般纳税人的，自一般纳税人生效之日起不再按照增值税小规模纳税人适用"六税两费"减免政策。增值税年应税销售额超过小规模纳税人标准应当登记为一般纳税人而未登记，经税务机关通知，逾期仍不办理登记的，自逾期次月起不再按照增值税小规模纳税人申报享受"六税两费"减免优惠。上述纳税人如果符合规定的小型微利企业和新设立企业的情形，或登记为个体工商户，仍可申报享受"六税两费"减免优惠。如果纳税人由增值税一般纳税人转登记为增值税小规模纳税人，自成为增值税小规模纳税人的月份享受减免政策。

【例 5-10】A 公司于 2020 年 6 月成立，2020 年 9 月 1 日登记为增值税一般纳税人。2021 年 5 月，A 公司办理了 2020 年度的汇算清缴申报，确定是小型微利企业。A 公司于 2022 年 4 月征期申报 2022 年 1—3 月的"六税两费"时，可以享受减免优惠吗？

可以。根据《公告》第一条第（一）项，A 公司申报 2022 年 1—3 月的"六税两费"时，是否可享受减免优惠，依据 2021 年办理 2020 年度汇算清缴的结果确定。

【例 5-11】B 公司于 2020 年 6 月成立，2020 年 9 月 1 日登记为增值税一般纳税人。2021 年 5 月，B 公司办理了 2020 年度汇算清缴申报，确定不属于小型微利企业。2022 年 4 月，B 公司办理了 2021 年度汇算清缴申报，确定是小型微利企业。

问题 1：B 公司于 2022 年 4 月征期申报 3 月的"六税两费"时，可以享受减免优惠吗？

不可以。根据《公告》第一条第（一）项，纳税人 2021 年办理 2020 年度汇算清缴申报后确定不属于小型微利企业，申报 2022 年 1 月 1 日至 6 月 30 日的"六税两费"时，不能享受减免优惠。

问题 2：B 公司于 2022 年 7 月征期申报 6 月的"六税两费"时，可以享受减免优惠吗？

不可以。根据《公告》第一条第（一）项，纳税人 2021 年办理 2020

年度汇算清缴申报后确定不属于小型微利企业，申报 2022 年 1 月 1 日至 6 月 30 日"六税两费"时，不能享受减免优惠。

问题 3： B 公司于 2022 年 8 月征期申报 7 月的"六税两费"时，可以享受减免优惠吗？

可以。根据《公告》第一条第（一）项，纳税人 2022 年办理 2021 年度汇算清缴申报后确定是小型微利企业，申报 2022 年 7 月 1 日至 2023 年 6 月 30 日的"六税两费"时，可以享受减免优惠。

（二）新设企业

在首次办理汇算清缴前，新设立企业尚无法准确预判其是否属于小型微利企业。为增强政策确定性和可操作性，可根据以下规定执行。

（1）登记为增值税一般纳税人的新设立企业，从事国家非限制和禁止行业，且同时符合申报期上月末从业人数不超过 300 人、资产总额不超过 5 000 万元两项条件的，在首次办理汇算清缴前，可按照小型微利企业申报享受"六税两费"减免优惠。

（2）登记为增值税一般纳税人的新设立企业，从事国家非限制和禁止行业，且同时符合设立时从业人数不超过 300 人、资产总额不超过 5 000 万元两项条件的，设立当月依照有关规定按次申报"六税两费"时，可申报享受"六税两费"减免优惠。

【例 5-12】C 公司于 2021 年 6 月成立，从事国家非限制和禁止行业，2021 年 12 月 1 日登记为增值税一般纳税人，2022 年 3 月 31 日的从业人数、资产总额分别为 280 人和 4 500 万元。C 公司按规定于 2022 年 4 月 10 日申报 2022 年 3 月的资源税和 2022 年 1—6 月的房产税时，尚未办理 2021 年度汇算清缴申报，是否可申报享受"六税两费"减免优惠？

可以。C 公司 2022 年 4 月 10 日尚未办理首次汇算清缴，可依据 4 月的上月末，即 2022 年 3 月 31 日的从业人数、资产总额两项条件，判断其是否可按照小型微利企业申报享受"六税两费"减免优惠。C 公司 2022 年 3 月 31 日的从业人数不超过 300 人，并且资产总额不超过 5 000 万元，可按照小型微利企业申报享受"六税两费"减免优惠。

根据《公告》第一条第（二）项，按规定办理首次汇算清缴后确定不属于小型微利企业的一般纳税人，按次申报的，自首次办理汇算清缴确定不属于小型微利企业之日起至次年 6 月 30 日，不得再申报享受"六税两费"减免优惠。

【例 5-13】D 公司于 2021 年 6 月成立，从事国家非限制和禁止行业，2021 年 12 月 1 日登记为增值税一般纳税人，于 2022 年 4 月 20 日按规定办理了 2021 年度汇算清缴，结果确定不属于小型微利企业。D 公司于 2022 年 4 月 23 日依照规定按次申报耕地占用税，可以申报享受"六税两费"减免优惠吗？

不可以。D 公司首次汇算清缴后已确定不属于小型微利企业，对于按次申报，自首次办理汇算清缴后确定不属于小型微利企业之日起至次年 6 月 30 日，不得再申报享受"六税两费"减免优惠。

新设立企业按规定办理首次汇算清缴后确定不属于小型微利企业，自办理汇算清缴的次月 1 日至次年 6 月 30 日，不得申报享受"六税两费"减免优惠；新设立企业按规定办理首次汇算清缴后，按规定申报当月及之前的"六税两费"的，依据首次汇算清缴结果确定是否可申报享受"六税两费"减免优惠。

【例 5-14】E 公司于 2021 年 7 月成立，从事国家非限制和禁止行业，2021 年 10 月 1 日登记为增值税一般纳税人，于 2022 年 5 月办理 2021 年度汇算清缴申报，确定不属于小型微利企业。E 公司于 2023 年 5 月 8 日办理 2022 年度汇算清缴申报，确定是小型微利企业。2023 年 5 月 12 日，E 公司根据本省有关规定办理 2022 年房产税申报，是否可享受"六税两费"减免优惠？

不可以。根据《公告》第一条第（二）项，新设立企业办理首次汇算清缴申报后，确定不属于小型微利企业的，自办理汇算清缴的次月 1 日至次年 6 月 30 日，不得申报享受"六税两费"减免优惠。新设立企业办理首次汇算清缴后，按规定申报当月及之前的"六税两费"的，依据首次汇算清缴结果确定是否能够申报享受减免优惠。因此，E 公司按规定申报 2022 年全年的房产税，包括办理首次汇算清缴当月及之前（即 1—5 月）的房产税和汇算清缴后（即 6—12 月）的房产税时，不能享受"六税两费"减免优惠。

E 公司 2023 年 5 月 8 日办理了 2022 年度汇算清缴申报，确定是小型微利企业，根据《公告》第一条第（一）项的规定，其在申报 2023 年 7 月 1 日至 2024 年 6 月 30 日的"六税两费"时，可以享受减免优惠。

【例5-15】F公司于2021年7月成立，从事国家非限制和禁止行业，当月购买一栋办公楼，该楼是公司唯一的房产。2021年12月1日登记为增值税一般纳税人。2022年5月首次办理2021年度汇算清缴，确定是小型微利企业。按照本省房产税征期规定，F公司应当于2022年12月征期一次性申报2022年全年房产税，其是否可享受"六税两费"减免优惠？

可以。根据《公告》第一条第（二）项，新设立企业办理首次汇算清缴后确定是小型微利企业的，自办理汇算清缴的次月1日至次年6月30日，可申报享受"六税两费"减免优惠。

F公司于2022年5月首次办理2021年度汇算清缴，确定是小型微利企业。因此，2022年12月按规定一次性申报2022年全年房产税时，可申报享受"六税两费"减免优惠。

（三）逾期办理的处理

登记为增值税一般纳税人的小型微利企业、新设立企业，逾期办理或更正汇算清缴申报的，应当依据逾期办理或更正申报的结果，按照《公告》第一条第（一）项、第（二）项规定的"六税两费"减免税期间申报享受减免优惠，并应当对"六税两费"申报进行相应更正。

【例5-16】G公司于2021年6月成立，从事国家非限制和禁止行业，2021年10月1日登记为增值税一般纳税人。2022年5月底前，G公司未按期办理首次汇算清缴申报，2022年8月，G公司办理汇算清缴申报，确定不属于小型微利企业。G公司根据《公告》第一条第（二）项的规定，分别于 2022 年 4 月和 7 月征期申报当年 1—3 月和 4—6 月的"六税两费"时，按照小型微利企业申报享受了减免优惠。G 公司 2022 年 8 月办理首次汇算清缴后应当如何对"六税两费"纳税申报进行更正？

按照企业所得税的有关规定，G 公司应当于 2022 年 5 月底前办理首次汇算清缴，且根据《公告》第一条第（二）项的规定，G 公司 2022 年 7 月征期申报 2022 年 4—6 月的"六税两费"时，应当依据首次汇算清缴结果确定是否可享受税收优惠。逾期办理首次汇算清缴后，确定 G 公司不属于小型微利企业。因此，G 公司 2022 年 7 月征期申报的 2022 年 4—6 月的"六税两费"不能享受减免优惠，应当进行更正申报，补缴减征的税款。根据《公告》第一条第（二）项、第（三）项的规定，G 公司在规定的首次汇算清缴期截止时间前于 2022 年 4 月征期申报 2022 年 1—3 月的"六税两费"不必进行更正。

【例 5-17】H 公司于 2020 年 7 月成立，于 2020 年 9 月 1 日登记为增值税一般纳税人。2021 年 5 月，H 公司办理了 2020 年度汇算清缴申报，确定是小型微利企业。H 公司于 2022 年 4 月征期申报缴纳了 2022 年 1—3 月的"六税两费"，2022 年 7 月征期申报缴纳了 2022 年 4—6 月的"六税两费"。2022 年 8 月，H 公司根据税务机关有关执法决定文书，对 2020 年度汇算清缴申报进行了更正，确定不属于小型微利企业。H 公司 2022 年 8 月更正汇算清缴申报后，应当如何对"六税两费"申报进行更正？

根据《公告》第一条第（一）项、第（三）项的规定，H 公司 2022 年 1 月 1 日至 6 月 30 日的税款是否能够申报享受"六税两费"减免优惠，应当依据 2020 年度汇算清缴结果确定。H 公司于 2022 年 8 月更正了 2020 年度的汇算清缴申报，最新结果确定不属于小型微利企业。根据《公告》第一条第（三）项的规定，H公司2022年1月1日至6月30日申报"六税两费"时不能够享受减免优惠，应当进行更正申报，补缴减征的税款。

（四）纳税人身份发生变化后的适用规定

为进一步明确纳税人身份发生变化时享受"六税两费"减免优惠的具体时间，按照有利于纳税人和简化申报的原则，根据《增值税一般纳税人登记管理办法》（国家税务总局令第43号）和《国家税务总局关于统一小规模纳税人标准等若干增值税问题的公告》（国家税务总局公告2018年第18号），《公告》第二条做出具体规定：增值税小规模纳税人按规定登记为一般纳税人的，自一般纳税人生效之日起不再按照增值税小规模纳税人适用"六税两费"减免政策。

增值税年应税销售额超过小规模纳税人标准应当登记为一般纳税人而未登记，经税务机关通知，逾期仍不办理登记的，自逾期次月起不再按照增值税小规模纳税人申报享受"六税两费"减免优惠。纳税人如果符合《公告》第一条规定的小型微利企业和新设立企业的情形，或登记为个体工商户，仍可申报享受"六税两费"减免优惠。

【例5-18】A公司于2021年12月1日成立，从事国家非限制和禁止行业，2022年2月登记为增值税一般纳税人并于当月1日生效。2月末，A公司从业人数为200人，资产总额为3 000万元。

问题1：A公司于2022年2月征期申报2022年1月的"六税两费"时，可以申报享受减免优惠吗？

可以。A公司2022年2月征期申报2022年1月的"六税两费"时，可以按照增值税小规模纳税人申报享受减免优惠。

问题2：A公司于2022年3月征期申报2022年2月的"六税两费"时，可以申报享受减免优惠吗？

可以。根据《公告》第二条，增值税小规模纳税人按规定登记为一般纳税人的，自一般纳税人生效之日起不再按照增值税小规模纳税人适用"六税两费"减免政策。A公司在2022年2月登记为增值税一般纳税人并于当月1日生效，因此于2022年3月征期申报2022年2月的"六税两费"时，不再按照增值税小规模纳税人享受减免优惠。

但是，由于A公司2022年3月申报期上月末的从业人数小于300人，并且资产总额小于5 000万元，符合《公告》第一条第（二）项新设立企业按小型微利企业享受减免优惠的标准，因此，可以按照小型微利企业享受减免优惠。

【例5-19】J个体工商户为增值税小规模纳税人，因业务发展较快，于2022年7月登记为增值税一般纳税人并于当月1日生效。

问题1：J个体工商户于2022年7月征期申报2022年4—6月的"六税两费"时，如何申报享受减免优惠？

J个体工商户申报2022年4—6月的"六税两费"时，可按照增值税小规模纳税人申报享受减免优惠。

问题2：J个体工商户于2022年10月征期申报2022年7—9月的"六税两费"时，如何申报享受减免优惠？

J个体工商户申报2022年7—9月的"六税两费"时，不能再按增值税小规模纳税人申报享受减免优惠，但仍可按"一般纳税人——个体工商户"申报享受减免优惠。

第六章

小微企业涉税业务处理

一、小规模纳税人增值税减免政策

根据《财政部 税务总局关于明确增值税小规模纳税人减免增值税等政策的公告》（财政部 税务总局公告 2023 年第 1 号，以下简称 " 1 号公告"）的规定，自 2023 年 1 月 1 日至 2023 年 12 月 31 日，增值税小规模纳税人（以下简称小规模纳税人）发生增值税应税销售行为，合计月销售额未超过 10 万元（以 1 个季度为 1 个纳税期的，季度销售额未超过 30 万元）的，免征增值税。增值税小规模纳税人适用 3% 征收率的应税销售收入，减按 1% 征收率征收增值税；适用 3% 预征率的预缴增值税项目，减按 1% 预征率预缴增值税。

（一）适用主体与适用条件

1. 适用主体

小规模纳税人的减免税政策适用主体为增值税小规模纳税人，并不区分企业或个体工商户。增值税一般纳税人不能适用此政策。

2. 适用条件

1 号公告规定，可以享受小规模纳税人减按 1% 征收增值税政策的应税销售收入，仅为纳税人取得的适用 3% 征收率的应税销售收入；对于纳税人取得的适用 5% 征收率的应税销售收入，仍应按照现行规定计算缴纳增值税。

小规模纳税人取得适用 3% 征收率的应税销售收入是否适用减按 1% 征收增值税政策，应根据纳税人取得应税销售收入的纳税义务发生时间进行判断：纳税人取得适用 3% 征收率的销售收入，纳税义务发生时间在 2023 年 1 月 1 日至 2023 年 12 月 31 日的，可适用减按 1% 征收增值税政策；若纳税义务发生时间在 2023 年 1 月 1 日前，须按照此前相关政策规定执行。具体如图 6-1 所示。

图 6-1　3% 征收率优惠政策的变化

（二）部分减征政策

小规模纳税人大多数业务适用 3% 征收率。这里需要注意的是，前期出台的一些增值税减征政策，如销售自己使用过的物品减按 2% 征收，二手车经销减按 0.5% 征收等，其减征前的征收率均为 3%，因此对于这些业务，可以仍适用原减征政策，按照减征的征收率开具增值税专用发票并计算缴纳税款；合计月销售额不超过 10 万元（以 1 个季度为 1 个纳税期的，季度销售额不超过 30 万元）的，可以选择享受免税政策，开具免税普通发票；合计月销售额超过 10 万元，可以选择适用减按 1% 征收增值税政策，并按照 1% 征收率开具增值税发票。

小规模纳税人的部分减征政策如表 6-1 所示。

表 6-1　小规模纳税人的部分减征政策

业务类别	政策依据	政策规定
二手车经销等	国家税务总局公告 2020 年第 9 号	自 2020 年 5 月 1 日至 2023 年 12 月 31 日，从事二手车经销业务的纳税人销售其收购的二手车，纳税人减按 0.5% 征收率征收增值税，并按下列公式计算销售额：销售额＝含税销售额÷（1+0.5%）。纳税人应当开具二手车销售统一发票。购买方索取增值税专用发票的，应当再开具征收率为 0.5% 的增值税专用发票
		一般纳税人在办理增值税纳税申报时，减按 0.5% 征收率征收增值税的销售额，应当填写在《增值税纳税申报表附列资料（一）》（本期销售情况明细）"二、简易计税方法计税"中"3% 征收率的货物及加工修理修配劳务"相应栏次；对应减征的增值税应纳税额，按销售额的 2.5% 计算填写在《增值税纳税申报表（一般纳税人适用）》"应纳税额减征额"及《增值税减免税申报明细表》减税项目相应栏次
		小规模纳税人在办理增值税纳税申报时，减按 0.5% 征收率征收增值税的销售额，应当填写在《增值税纳税申报表（小规模纳税人适用）》"应征增值税不含税销售额（3% 征收率）"相应栏次；对应减征的增值税应纳税额，按销售额的 2.5% 计算填写在《增值税纳税申报表（小规模纳税人适用）》"本期应纳税额减征额"及《增值税减免税申报明细表》减税项目相应栏次
增值税小规模纳税人销售自己使用过的固定资产	财税〔2009〕9 号、财税〔2014〕57 号和国家税务总局公告 2015 年第 90 号	增值税小规模纳税人（除其他个人外）销售自己使用过的固定资产，可选择减按 2% 征收，并不得开具增值税专用发票；也可以选择放弃减税，按 3% 征收，此时可开具 3% 征收率的增值税专用发票。小规模纳税人销售自己使用过的除固定资产以外的物品，应按 3% 的征收率征收增值税

小规模纳税人适用 5% 征收率的应税销售收入（主要有销售不动产、出租不动产、劳务派遣选择 5% 差额缴纳增值税等业务收入），不能享受免税政策，仍应按照相关规定计算缴纳增值税。例如，小规模纳税人出租其取得的不动产（不含个人出租住房）以及房地产开发企业中的小规模纳税人销售自行开发的房地产项目、出租自行开发的房地产项目，按照 5% 的征收率计算应纳税额，不属于小规模纳税人免征增值税范围。但是，这部分增值税小规模纳税人，在 2023 年 1 月 1 日至 2023 年 12 月 31 日，合计月销售额未超过 10 万元（以 1 个季度为 1 个纳税期的，季度销售额未超过 30 万元）的，可以享受免征增值税政策。

此外，《财政部 国家税务总局关于进一步明确全面推开营改增试点有关劳务派遣服务、收费公路通行费抵扣等政策的通知》（财税〔2016〕47 号）第一条规定，小规模纳税人提供劳务派遣服务，以取得的全部价款和价外费用为销售额，按照简易计税方法依 3% 的征收率计算缴纳增值税；也可以选择差额纳税，以取得的全部价款和价外费用，扣除代用工单位支付给劳务派遣员工的工资、福利和为其办理社会保险及住房公积金后的余额为销售额，按照简易计税方法依 5% 的征收率计算缴纳增值税。因此，提供劳务派遣的小规模纳税人可以选择以取得的全部价款和价外费用为销售额，享受免征增值税政策；也可以选择差额纳税，以取得的全部价款和价外费用，扣除代用工单位支付给劳务派遣员工的工资、福利和为其办理社会保险及住房公积金后的余额为销售额，按照简易计税方法依 5% 的征收率计算缴纳增值税。

二、把握好纳税"起征点"

根据 1 号公告，自 2023 年 1 月 1 日至 2023 年 12 月 31 日，小规模纳税人只要月销售额不超过 10 万元、季度销售额不超过 30 万元，都不再缴纳增值税及附加税费。这种情况下，小规模纳税人就要把握好增值税的起征点。

（一）扣除不动产销售额

小规模纳税人发生增值税应税销售行为，合计月销售额超过 10 万元，但扣除本期发生的销售不动产的销售额后未超过 10 万元的，其销售货物、劳务、服务、无形资产取得的销售额免征增值税。

【例 6-1】某商品批发企业属于按月申报的增值税小规模纳税人。2023 年 2 月，该企业销售不动产取得收入 50 万元（不含增值税，下同），销售货物取得收入 9 万元。

该企业合计月销售额为 59 万元，超过 10 万元，但在扣除本期发生的销售不动产的销售额后仅为 9 万元，未超过 10 万元，因此按照规定，该企业销售货物取得的销售额，可以享受小规模纳税人月销售额 10 万元以下免征增值税政策。销售不动产取得的收入，应照章缴纳增值税。

【例 6-2】某小规模纳税人 2023 年 2 月取得销售货物收入 5 万元，提供服务收入 2 万元，销售不动产收入 2 万元，合计销售额 9 万元，未超过 10 万元的免税标准。因此，该纳税人销售货物、服务和不动产取得的销售额 9 万元，可以享受小规模纳税人增值税免税政策。

【例 6-3】某小规模纳税人 2023 年 2 月取得销售货物收入 6 万元，提供服务收入 2 万元，销售不动产收入 5 万元，合计销售额为 13 万元。该纳税人剔除销售不动产后的销售额为 8 万元，未超过 10 万元的免税标准。因此，该纳税人销售货物和服务相对应的销售额 8 万元可以享受小规模纳税人增值税免税政策，取得的销售不动产收入 5 万元应照章纳税。

（二）计算销售额时应包括免税销售额

按照政策规定，纳税人应以所有增值税应税销售行为（包括销售货物、劳务、服务、无形资产和不动产）合并计算销售额，判断是否达到免税标准。因此，计算销售额时应包括免税销售额。

【例 6-4】某小型超市属于增值税小规模纳税人，除销售日用百货外，还零售新鲜蔬菜。超市销售新鲜蔬菜取得的销售额，按规定一直享受蔬菜流通环节免征增值税政策。

在确认小规模纳税人免征增值税政策的销售额时，需要计算销售新鲜蔬菜取得的销售额。也就是说，该超市应以取得的所有销售额，包括免征增值税业务的销售额，合计判断是否超过月销售额 10 万元（季度销售额 30 万元）的标准。

（三）预缴税款

按照现行规定应当预缴增值税税款的小规模纳税人，凡在预缴地实现的月销售额未超过 10 万元的，当期无须预缴税款。在预缴地实现的月销售额超过 10 万元的，适用 3% 预征率的预缴增值税项目，减按 1% 预征率预缴增值税。

按规定需要预缴增值税税款的小规模纳税人情形包括以下几项。

（1）小规模纳税人中的单位和个体工商户销售不动产，应按其纳税期以及其他现行政策规定确定是否预缴增值税；其他个人销售不动产，继续按照现行规定征免增值税。

小规模纳税人中的单位和个体工商户销售其取得（不含自建）的不动产，应以取得的全部价款和价外费用减去该项不动产购置原价或者取得不动产时作价后的余额为销售额，按照 5% 的征收率计算应纳税额。纳税人应按照上述计税方法在不动产所在地预缴税款后，向机构所在地主管税务机关进行纳税申报。

（2）小规模纳税人出租其取得的不动产（不含个人出租住房），应按照 5% 的征收率计算应纳税额。纳税人出租与机构所在地不在同一县（市）的不动产，应按照上述计税方法在不动产所在地预缴税款后，向机构所在地主管税务机关进行纳税申报。

（3）小规模纳税人跨县（市、区）提供建筑服务，以取得的全部价款和价外费用扣除支付的分包款后的余额，按照 3% 的征收率计算应预缴税款。

如果在同一预缴地主管税务机关辖区内有多个建筑项目的，按照同一预缴地涉及的所有建筑项目当季度总销售额判断在该地是否需要预缴增值税；不同预缴地的建筑项目，按照不同预缴地实现的季度销售额分别判断是否需要预缴增值税。

【例6-5】D公司是广州一家小型建筑公司，在广州和厦门都有建筑项目，属于按季度申报的增值税小规模纳税人。该公司本月销售额超过了10万元，但在厦门的建筑项目销售额未超过10万元，是否需要在厦门预缴增值税？

按照规定，应当预缴增值税税款的小规模纳税人，凡在预缴地实现的月销售额未超过10万元的，当期无须预缴税款。该公司本月在建筑服务预缴地厦门实现的销售额未超过10万元，则当期无须在建筑服务预缴地厦门预缴增值税。

（四）差额征税

适用增值税差额征税政策的小规模纳税人，以差额后的销售额确定是否可以享受月销售额10万元以下免征增值税政策。

（1）小规模纳税人提供劳务派遣服务，可以选择差额纳税，以取得的全部价款和价外费用，扣除代用工单位支付给劳务派遣员工的工资、福利和为其办理社会保险及住房公积金后的余额为销售额，按照简易计税方法依5%的征收率计算缴纳增值税。

（2）纳税人提供签证代理服务，以取得的全部价款和价外费用，扣除向服务接受方收取并代为支付给外交部和外国驻华使（领）馆的签证费、认证费后的余额为销售额。

（3）小规模纳税人销售其取得（不含自建）的不动产（不含个体工商户销售购买的住房和其他个人销售不动产），应以取得的全部价款和价外费用减去该项不动产购置原价或者取得不动产时的作价后的余额为销售额，按照 5% 的征收率计算应纳税额。

（4）其他个人销售其取得（不含自建）的不动产（不含其购买的住房），应以取得的全部价款和价外费用减去该项不动产购置原价或者取得不动产时的作价后的余额为销售额，按照 5% 的征收率计算应纳税额。

（5）金融商品转让，按照卖出价扣除买入价后的余额为销售额；金融商品转让，按规定以盈亏相抵后的余额为销售额。

（6）经纪代理服务，以取得的全部价款和价外费用，扣除向委托方收取并代为支付的政府性基金或者行政事业性收费后的余额为销售额。

（7）经人民银行、银保监会或者商务部批准从事融资租赁业务的试点纳税人，提供融资租赁服务，以取得的全部价款和价外费用，扣除支付的借款利息（包括外汇借款和人民币借款利息）、发行债券利息和车辆购置税后的余额为销售额。

（8）经人民银行、银保监会或者商务部批准从事融资租赁业务的试点纳税人，提供融资性售后回租服务，以取得的全部价款和价外费用（不含本金），扣除对外支付的借款利息（包括外汇借款和人民币借款利息）、发行债券利息后的余额为销售额。

（9）试点纳税人提供旅游服务，可以选择以取得的全部价款和价外费用，扣除向旅游服务购买方收取并支付给其他单位或者个人的住宿费、餐饮费、交通费、签证费、门票费和支付给其他接团旅游企业的旅游费用后的余额为销售额。

（10）小规模纳税人提供建筑服务，应以取得的全部价款和价外费用扣除支付的分包款后的余额为销售额，按照 3% 的征收率计算应纳税额。

（11）提供物业管理服务的纳税人，向服务接受方收取的自来水水费，以扣除其对外支付的自来水水费后的余额为销售额，按照简易计税方法依 3% 的征收率计算缴纳增值税。

（12）境外单位通过教育部考试中心及其直属单位在境内开展考试，教育部考试中心及其直属单位应以取得的考试费收入扣除支付给境外单位考试费后的余额为销售额。

（13）纳税人代理进口按规定免征进口增值税的货物，其销售额不包括向委托方收取并代为支付的货款。

【例 6-6】某小型装修公司属于按月申报的增值税小规模纳税人。本月该公司销售额为 20 万元，扣除分包款后的差额为 8 万元。那么，该公司是否可以享受免征增值税政策？

根据规定，小规模纳税人提供建筑服务，以取得的全部价款和价外费用扣除支付的分包款后的余额为销售额。该公司提供建筑服务按规定可以扣除分包款，扣除分包款后的销售额 8 万元未超过月销售额 10 万元的标准，可以适用小规模纳税人免征增值税政策。

【例 6-7】某企业是按季度申报的小规模纳税人。该企业 4 月销售货物取得收入 10 万元，5 月提供建筑服务取得收入 30 万元，同时向其他建筑企业支付分包款 15 万元，6 月销售不动产取得收入 200 万元。

该企业第二季度（4—6月）差额后合计销售额为 225（10+30-15+200）万元，超过 30 万元。但是，扣除 200 万元不动产销售收入，差额后的销售额是 25（10+30-15）万元，未超过 30 万元，可以享受小规模纳税人免征增值税政策。同时，该企业销售不动产取得的收入 200 万元应依法纳税。

（五）开具增值税专用发票的处理

小规模纳税人取得应税销售收入，适用规定的免征增值税政策的，纳税人可就该笔销售收入选择放弃免税并开具增值税专用发票。

需要注意的是，小规模纳税人月度免税 10 万元、季度免税 30 万元的政策，是只有纳税人开具增值税普通发票时才能享受的，开具专用发票的不得享受。

小规模纳税人取得应税销售收入，纳税义务发生时间在 2022 年 12 月 31 日前并已开具增值税发票的，如发生销售折让、中止或者退回等情形需要开具红字发票，应开具对应征收率红字发票或免税红字发票；开票有误需要重新开具的，应先开具对应征收率红字发票或免税红字发票，再重新开具正确的蓝字发票。

【例 6-8】某小规模纳税人（按月纳税）2023 年 1 月总共取得销售额 9 万元，其中开具增值税专用发票的销售额为 4 万元，开具增值税普通发票的销售额为 5 万元。由于总销售额不超过 10 万元，该企业开具增值税普通发票的销售额取得的销售收入 5 万元可享受免征增值税政策，但是开具增值税专用发票的 4 万元销售收入需要按照适用征收率缴纳增值税。

2 月，该企业总共取得销售额 13 万元，其中开具增值税专用发票的销售额还是 4 万元，开具增值税普通发票的销售额为 9 万元。虽然开具增值税普通发票的销售收入没有超过 10 万元，但是总销售额超过了 10 万元，该企业 2 月需要全额（13 万元）缴纳增值税。

【例 6-9】某企业是按季度申报的增值税小规模纳税人，第二季度总计销售额为 25 万元，但是由于下游企业需要增值税专用发票进行抵扣，所以该企业就其中 10 万元收入业务开具了 5% 征收率的增值税专用发票。请问该企业是否可以享受免征增值税政策？

该企业季度销售额不超过 30 万元，可以享受免征增值税政策，并开具增值税普通发票。因企业向下游企业就 10 万元收入业务开具了增值税专用发票，按照规定，则需要按发票上注明的销售额和适用的征收率计算缴纳增值税，应交增值税 =10×5%=0.5（万元）。对于没有开具增值税专用发票的部分收入 15（25–10）万元，仍可以享受免征增值税政策。

（六）附加税费

按照《财政部 国家税务总局关于扩大有关政府性基金免征范围的通知》（财税〔2016〕12 号）的规定，教育费附加、地方教育附加、水利建设基金的免征销售额是按月纳税的销售额或营业额不超过 10 万元（按季度纳税的销售额或营业额不超过 30 万元）。

附加税费（包括教育费附加、地方教育附加和城市维护建设税）是随增值税、消费税进行征收的，免征增值税就免征附加税费。因此，增值税小规模纳税人月销售额未超过 10 万元（以 1 个季度为 1 个纳税期的，季度销售额未超过 30 万元）免征增值税的部分（增值税普通发票和未开票的销售额），也免征附加税费（"一税两费"）。

对于开具了增值税专用发票的情形，当月代开发票的销售额小于等于10万元（季度30万元）的，代开发票时免征教育费附加、地方教育附加。

（七）账务处理

1. 免征增值税的账务处理

（1）对于月度应税销售额不超过10万元（1个季度为1个纳税期的，季度不超过30万元）的，确认销售收入时：

借：应收账款等

贷：主营业务收入

应交税费——应交增值税

（2）月末或季末，如果应税销售额未超过免征额度：

借：应交税费——应交增值税

贷：营业外收入——减免税额

【例6-10】某小规模纳税人2023年第一季度开具了增值税普通发票30.3万元（1%征收率），享受免征增值税政策，那么账务处理如下。

（1）收入的处理：

借：银行存款   303 000

贷：主营业务收入   300 000

应交税费——应交增值税   3 000

（2）减免税的处理：

借：应交税费——应交增值税   3 000

贷：营业外收入——减免税额   3 000

2. 减征增值税的账务处理

对于适用 3% 征收率的应税销售行为，纳税人在取得销售收入时，尚不能确定是适用免税还是减税政策，那么在确认"应交税费——应交增值税"时，可以直接按照 1% 计算。若月末或季度末满足免税条件，则将原先确认的 1% 的应交增值税结转至"营业外收入"科目；若不符合免税条件，则享受 3% 减按 1% 征收政策，减征的增值税部分属于直接减征，不用再额外确认"营业外收入——减免税额"。

（八）纳税申报

1. 免征增值税

小规模纳税人发生增值税应税销售行为，合计月销售额未超过 10 万元的，免征增值税的销售额等项目应填写在《增值税及附加税费申报表（小规模纳税人适用）》"小微企业免税销售额"或者"未达起征点销售额"相关栏次。

【例 6-11】甲公司为按季申报的小规模纳税人，2023 年第一季度提供服务收入为（不含税）20 万元，全部开具免税的普通发票。

分析：

免税销售额 =200 000（元）

免税额 =200 000×3%=6 000（元）

以上数据在税费申报表主表中的填写栏次如表 6-2 所示。

表 6-2　增值税及附加税费申报表

（小规模纳税人适用）

纳税人识别号（统一社会信用代码）：

纳税人名称：　　　　　　　　　　　　　　　　　　　　　　金额单位：元（列至角分）

税款所属期：＿＿＿年＿月＿日至＿＿＿年＿月＿日　　　　填表日期：＿＿＿年＿月＿日

项目		栏次	本期数		本年累计	
			货物及劳务	服务、不动产和无形资产	货物及劳务	服务、不动产和无形资产
一、计税依据	（一）应征增值税不含税销售额（3%征收率）	1				
	增值税专用发票不含税销售额	2				
	其他增值税发票不含税销售额	3				
	（二）应征增值税不含税销售额（5%征收率）	4	—		—	
	增值税专用发票不含税销售额	5	—		—	
	其他增值税发票不含税销售额	6	—		—	
	（三）销售使用过的固定资产不含税销售额	7（7≥8）		—		—
	其中：其他增值税发票不含税销售额	8		—		—
	（四）免税销售额	9=10+11+12		200 000		
	其中：小微企业免税销售额	10		200 000		
	未达起征点销售额	11				
	其他免税销售额	12				
	（五）出口免税销售额	13（13≥14）				
	其中：其他增值税发票不含税销售额	14				

（续表）

项目	栏次	本期数		本年累计	
		货物及劳务	服务、不动产和无形资产	货物及劳务	服务、不动产和无形资产
二、税款计算 本期应纳税额	15				
本期应纳税额减征额	16				
本期免税额	17		6 000		
其中：小微企业免税额	18		6 000		
未达起征点免税额	19				
应纳税额合计	20=15−16				
本期预缴税额	21			—	—
本期应补（退）税额	22=20−21			—	—
三、附加税费 城市维护建设税本期应补（退）税额	23				
教育费附加本期应补（退）费额	24				
地方教育附加本期应补（退）费额	25				

声明：此表是根据国家税收法律法规及相关规定填写的，本人（单位）对填报内容（及附带资料）的真实性、可靠性、完整性负责。

纳税人（签章）：＿＿年＿月＿日

经办人： 经办人身份证号： 代理机构签章： 代理机构统一社会信用代码：	受理人： 受理税务机关（章）： 受理日期：＿＿年＿月＿日

2. 减征增值税

减按 1% 征收率征收增值税的销售额应填写在《增值税及附加税费申报表（小规模纳税人适用）》"应征增值税不含税销售额（3% 征收率）"相应栏次，对应减征的增值税应纳税额按销售额的 2% 计算填写在《增值税及附加税费申报表（小规模纳税人适用）》"本期应纳税额减征额"及《增值税减免税申报明细表》减税项目相应栏次。

【例6-12】乙公司为按季申报的小规模纳税人，2023年1—3月提供服务收入为50万元，开具征收率1%的增值税发票。

减征的增值税应纳税额 =500 000×2%=10 000（元）

相关数据在税费申报表及减免税申报明细表中填写的栏次如表6-3、表6-4所示。

表6-3　增值税及附加税费申报表

（小规模纳税人适用）

纳税人识别号（统一社会信用代码）：

纳税人名称：　　　　　　　　　　　　　　金额单位：元（列至角分）

税款所属期：___年__月__日至___年__月__日　　　填表日期：___年__月__日

项目		栏次	本期数		本年累计	
			货物及劳务	服务、不动产和无形资产	货物及劳务	服务、不动产和无形资产
一、计税依据	（一）应征增值税不含税销售额（3%征收率）	1		500 000		
	增值税专用发票不含税销售额	2				
	其他增值税发票不含税销售额	3		500 000		
	（二）应征增值税不含税销售额（5%征收率）	4	—		—	
	增值税专用发票不含税销售额	5				
	其他增值税发票不含税销售额	6				
	（三）销售使用过的固定资产不含税销售额	7（7≥8）	—		—	
	其中：其他增值税发票不含税销售额	8		—		—
	（四）免税销售额	9=10+11+12				

（续表）

项目		栏次	本期数		本年累计	
			货物及劳务	服务、不动产和无形资产	货物及劳务	服务、不动产和无形资产
一、计税依据	其中：小微企业免税销售额	10				
	未达起征点销售额	11				
	其他免税销售额	12				
	（五）出口免税销售额	13（13≥14）				
	其中：其他增值税发票不含税销售额	14				
二、税款计算	本期应纳税额	15		15 000		
	本期应纳税额减征额	16		10 000		
	本期免税额	17				
	其中：小微企业免税额	18				
	未达起征点免税额	19				
	应纳税额合计	20=15−16		5 000		
	本期预缴税额	21		—	—	—
	本期应补（退）税额	22=20−21		5 000	—	—
三、附加税费	城市维护建设税本期应补（退）税额	23				
	教育费附加本期应补（退）费额	24				
	地方教育附加本期应补（退）费额	25				

声明：此表是根据国家税收法律法规及相关规定填写的，本人（单位）对填报内容（及附带资料）的真实性、可靠性、完整性负责。

纳税人（签章）：＿＿＿年＿月＿日

经办人：	受理人：
经办人身份证号：	
代理机构签章：	受理税务机关（章）：
代理机构统一社会信用代码：	受理日期：＿＿＿年＿月＿日

表 6-4　增值税减免税申报明细表

税款所属时间：自＿＿＿年＿＿月＿＿日至＿＿＿年＿＿月＿＿日

纳税人名称（公章）：　　　　　　　　　　　　　　　　金额单位：元（列至角分）

一、减税项目						
减税性质代码及名称	栏次	期初余额	本期发生额	本期应抵减税额	本期实际抵减税额	期末余额
		1	2	3=1+2	4≤3	5=3-4
合计	1	0	10 000	10 000	10 000	0
	2					
	3					
	4					
	5					
	6					

二、免税项目						
免税性质代码及名称	栏次	免征增值税项目销售额	免税销售额扣除项目本期实际扣除金额	扣除后免税销售额	免税销售额对应的进项税额	免税额
		1	2	3=1-2	4	5
合计	7					
出口免税	8		—	—	—	
其中：跨境服务	9		—	—	—	
	10				—	
	11				—	
	12				—	
	13				—	
	14				—	
	15				—	
	16				—	

三、涉税风险点与筹划要点

（一）按月纳税和按季度纳税

按照固定期限纳税的小规模纳税人可以根据自己的实际经营情况选择实行按月纳税或按季度纳税。那么，小规模纳税人该选择按月纳税还是按季度纳税呢？这就需要结合小规模纳税人的免税政策综合权衡考虑了。

1. 如何选择

小规模纳税人纳税期限的不同，会造成其享受免税政策的效果可能存在差异。对于小规模纳税人月销售额超过 10 万元但季度销售额不超过 30 万元的部分：如果是按月纳税的小规模纳税人，那么月销售额超过 10 万元的，当月无法享受免税；如果是按季度纳税的小规模纳税人，在当季度中某一个月销售额超过 10 万元，但季度销售额不超过 30 万元的，可以按规定享受免税。

为确保小规模纳税人充分享受免税政策，政策明确规定，按照固定期限纳税的小规模纳税人可以根据自己的实际经营情况选择实行按月纳税或按季度纳税。为确保年度内纳税人的纳税期限相对稳定，同时也明确了按月纳税或按季度纳税一经选择，一个会计年度内不得变更。

2. 合理筹划

按照固定期限纳税的小规模纳税人应根据自己的实际经营情况选择实行按月纳税或按季度纳税，以使自己享受最大的税收优惠。

（1）适用按月纳税的情形

对于生产存在季节性，仅个别月份销售额较高，其他月份销售额较低的纳税人，如某企业 1 月的销售额为 20 万元，其他月份的月销售额均不足 10 万元，如果企业选择按月纳税，就只有 1 月需要缴纳增值税，其他月份则可以享受免征增值税优惠。

【例 6–13】乙企业是增值税小规模纳税人，其应税销售收入均适用 5% 征收率。第三季度不含税销售额 48 万元（其中 7 月不含税销售额 10 万元，8 月不含税销售额 30 万元，9 月不含税销售额 8 万元）。暂不考虑其他增值税免税优惠。

（1）按月纳税

7 月不含税销售额 10 万元，免征增值税。

8 月不含税销售额 30 万元，超过 10 万元，不享受增值税免税优惠，需要缴纳增值税 1.5 万元。

9 月不含税销售额 8 万元，免征增值税。

因此，乙企业 7—9 月共需缴纳增值税 1.5 万元。

（2）按季度纳税

乙企业第三季度（7—9 月）不含税销售额合计 48 万元，大于 30 万元，需要缴纳增值税 2.4 万元。

综上，乙企业选择按月纳税更合适，可节税 0.9（2.4–1.5）万元。

（2）适用按季度纳税的情形

对于生产经营比较平稳，季度销售额均不超过 30 万元的小规模纳税人，如果选择按季度纳税，那么每个季度均可以享受免征增值税优惠。

【例6-14】甲企业是增值税小规模纳税人，其应税销售收入均适用5%征收率。4—6月的不含税销售额分别为5万元、16万元和8万元。暂不考虑其他增值税免税优惠。

（1）按月纳税

4月不含税销售额5万元，小于10万元，免征增值税。

5月不含税销售额16万元，大于10万元，不享受增值税免税优惠，需要缴纳增值税0.8万元。

6月不含税销售额8万元，小于10万元，免征增值税。

因此，甲企业4—6月共需缴纳增值税0.8万元。

（2）按季度纳税

甲企业第二季度（4—6月）不含税销售额合计29万元，小于30万元，免征增值税。

综上，甲企业选择按季度纳税更合适，可节税0.8万元。

总体而言，小规模纳税人如果月销售额能稳定在10万元以内，可以选择按月纳税；如果销售存在淡旺季，月销售额时高时低，则选择按季度纳税更好。

（二）注意企业所得税临界点

根据规定，增值税小规模纳税人月销售额不超过10万元、季度销售额不超过30万元免征增值税的优惠政策，是只有纳税人开具增值税普通发票时才能享受的，开具增值税专用发票的不得享受。纳税人选择放弃免税并开具增值税专用发票的，应开具适用征收率的增值税专用发票。也就是说，增值税免征部分的销售收入，应开具免税增值税普通发票，计入企业所得税收入总额和应纳税所得额。同样，适用规定的减按1%征收率征收增值税政策的，应按照1%征收率开具增值税发票。纳税人可就该笔销售收入选择放弃减税并开具增值税专用发票。

因此，属于小型微利企业的小规模纳税人，若为了享受减免增值税优惠政策而突破小型微利企业所得税优惠政策临界点，则可能得不偿失。

【例6-15】某企业为小规模纳税人，2023年度所有成本费用为149万元。如果全部享受减免税政策并开具征收率为1%的增值税发票，预计含税销售额454.5万元（不含税销售额为450万元），年度应纳税所得额为301万元（454.5÷1.01−149），不符合小型微利企业所得税优惠条件，应缴纳企业所得税75.25（301×25%）万元；缴纳增值税4.5万元（454.5÷1.01×1%）。该企业共计纳税79.75万元。

如果该企业选择放弃部分减免税政策，如将其中一笔销售收入50万元放弃享受"减按1%征收率征收增值税"政策，按3%的征收率开具增值税专用发票，那么该笔销售收入的不含税金额变为48.54万元，全年合计销售收入为448.54（450−50+48.54）万元，企业所得税年度应纳税所得额为299.54（448.54−149）万元，企业应缴纳企业所得税14.98（299.54×5%）万元，应缴纳增值税5.46［（450−50）×0.01+1.46］万元，共计纳税20.44（14.98+5.46）万元。

相比全部享受减免税政策，该企业选择放弃部分减免税政策，可节税59.31（79.75−20.44）万元。

四、享受小型微利企业所得税优惠

为支持小微企业和个体工商户发展，国家对小型微利企业给予了相应的企业所得税优惠政策。

（一）适用条件

小型微利企业是指符合财政部、国家税务总局规定的可以享受小型微利企业优惠政策的居民企业。根据目前的规定，小型微利企业，是指从事国家非限制和禁止行业，且同时符合年度应纳税所得额不超过300万元、从业人数不超过300人、资产总额不超过5 000万元三个条件的企业。今后如调整标准，从其规定。

从业人数，包括与企业建立劳动关系的职工人数和企业接受的劳务派遣用工人数。所称从业人数和资产总额指标，应按企业全年的季度平均值确定。具体计算公式如下：

$$季度平均值＝（季初值＋季末值）÷2$$
$$全年季度平均值＝全年各季度平均值之和 ÷4$$

年度中间开业或者终止经营活动的，以其实际经营期作为一个纳税年度确定上述相关指标。

企业设立不具有法人资格的分支机构，如何适用小型微利企业所得税优惠政策？《企业所得税法》第五十条第二款规定，居民企业在中国境内设立不具有法人资格的营业机构的，应当汇总计算并缴纳企业所得税。现行企业所得税实行法人税制，企业应以法人为主体，计算并缴纳企业所得税。因此，企业设立不具有法人资格分支机构的，应当先汇总计算总机构及其各分支机构的从业人数、资产总额、年度应纳税所得额，再依据各指标的合计数判断是否符合小型微利企业条件。

（二）判断标准

小型微利企业无论按查账征收方式还是核定征收方式缴纳企业所得税，均可享受小型微利企业所得税优惠政策。

小型微利企业在预缴和汇算清缴企业所得税时，通过填写纳税申报表，即可享受小型微利企业所得税优惠政策。

小型微利企业应准确填报基础信息，包括从业人数、资产总额、年度应纳税所得额、国家限制或禁止行业等，信息系统将为小型微利企业智能预填优惠项目、自动计算减免税额。

小型微利企业所得税统一实行按季度预缴。按月度预缴企业所得税的企业，在当年度4月、7月、10月预缴申报时，若按相关政策标准判断符合小型微利企业条件的，下一个预缴申报期起调整为按季度预缴申报，一经调整，当年度内不再变更。

小型微利企业预缴企业所得税时，从业人数、资产总额、年度应纳税所得额指标，暂按当年度截至本期预缴申报所属期末的情况进行判断。

原不符合小型微利企业条件的企业，在年度中间预缴企业所得税时，按照相关政策标准判断符合小型微利企业条件的，应按照截至本期预缴申报所属期末的累计情况，计算减免税额。当年度此前期间如因不符合小型微利企业条件而多预缴的企业所得税税款，可在以后季度应预缴的企业所得税税款中抵减。

企业预缴企业所得税时享受了小型微利企业所得税优惠政策，但在汇算清缴时发现不符合相关政策标准的，应当按照规定补缴企业所得税税款。

【例6-16】甲企业2020年成立，从事国家非限制和禁止行业，2023年各季度的从业人数、资产总额及累计应纳税所得额情况如表6-5所示。

表6-5　甲企业2023年各季度的资产总额、从业人数及累计应纳税所得额情况

季度	从业人数（人）		资产总额（万元）		应纳税所得额（累计值，万元）
	期初	期末	期初	期末	
第一季度	120	200	2 000	4 000	150
第二季度	400	500	4 000	6 600	200
第三季度	350	200	6 600	7 000	280
第四季度	220	210	7 000	2 500	350

甲企业在预缴2023年度企业所得税时，判断是否符合小型微利企业条件的具体过程如表6-6所示。

表6-6　甲企业判断是否符合小型微利企业条件的过程

指标		第一季度	第二季度	第三季度	第四季度
从业人数（人）	季初	120	400	350	220
	季末	200	500	200	210
	季度平均值	（120+200）÷2=160	（400+500）÷2=450	（350+200）÷2=275	（220+210）÷2=215
	截至本期末季度平均值	160	（160+450）÷2=305	（160+450+275）÷3=295	（160+450+275+215）÷4=275

（续表）

指标		第一季度	第二季度	第三季度	第四季度
资产总额（万元）	季初	2 000	4 000	6 600	7 000
	季末	4 000	6 600	7 000	2 500
	季度平均值	（2 000+4 000）÷2 =3 000	（4 000+6 600）÷2 =5 300	（6 600+7 000）÷2 =6 800	（7 000+2 500）÷2 =4 750
	截至本期末季度平均值	3 000	（3 000+5 300）÷2 =4 150	（3 000+5 300+ 6 800）÷3 =5 033.33	（3 000+5 300+ 6 800+4 750）÷4 =4 962.5
应纳税所得额（累计值，万元）		150	200	280	350
判断结果		符合	不符合（从业人数超标）	不符合（资产总额超标）	不符合（应纳税所得额超标）

综上，甲企业预缴第一季度企业所得税时，可以享受小型微利企业所得税优惠政策；预缴第二、三、四季度企业所得税时，不可以享受小型微利企业所得税优惠政策。

【例 6-17】乙企业 2022 年 5 月成立，从事国家非限制和禁止行业，2023 年各季度的从业人数、资产总额及累计应纳税所得额情况如表 6-7 所示。

表 6-7　乙企业 2023 年各季度的资产总额、从业人数及累计应纳税所得额情况

季度	从业人数（人）		资产总额（万元）		应纳税所得额（累计值，万元）
	期初	期末	期初	期末	
第二季度	100	200	1 500	3 000	200
第三季度	260	300	3 000	5 000	350
第四季度	280	330	5 000	6 000	280

乙企业在预缴 2023 年度企业所得税时，判断是否符合小型微利企业条件的具体过程如表 6-8 所示。

表 6-8　乙企业判断是否符合小型微利企业条件的过程

指标		第二季度	第三季度	第四季度
从业人数（人）	季初	100	260	280
	季末	200	300	330
	季度平均值	（100+200）÷2 =150	（260+300）÷2 =280	（280+330）÷2=305
	截至本期末季度平均值	150	（150+280）÷2 =215	（150+280+305）÷3 =245
资产总额（万元）	季初	1 500	3 000	5 000
	季末	3 000	5 000	6 000
	季度平均值	（1 500+3 000）÷2 =2 250	（3 000+5 000）÷2 =4 000	（5 000+6 000）÷2 =5 500
	截至本期末季度平均值	2 250	（2 250+4 000）÷2 =3 125	（2 250+4 000+5 500）÷3 =3 916.67
应纳税所得额（累计值，万元）		200	350	280
判断结果		符合	不符合（应纳税所得额超标）	符合

综上，乙企业预缴第二、四季度企业所得税时，可以享受小型微利企业所得税优惠政策；预缴第三季度企业所得税时，不可以享受小型微利企业所得税优惠政策。

（三）减免税额计算

目前，小型微利企业所得税的优惠政策如下。

（1）根据《财政部 税务总局关于小微企业和个体工商户所得税优惠政策的公告》（财政部 税务总局公告2023年第6号），对小型微利企业年应纳税所得额不超过100万元的部分，减按25%计入应纳税所得额，按20%的税率缴纳企业所得税。执行期限为2023年1月1日至2024年12月31日。实际税率为5%（25%×20%）。

（2）根据《财政部 税务总局关于进一步实施小微企业所得税优惠政策的公告》（财政部 税务总局公告2022年第13号）的规定，对小型微利企业年应纳税所得额超过100万元但不超过300万元的部分，减按25%计入应纳税所得额，按20%的税率缴纳企业所得税，实际税率为5%（25%×20%）。执行期限为2022年1月1日至2024年12月31日。

综上，按照现有政策，在2024年12月31日前，小型微利企业的所得税实际税率为5%。今后政策如有调整，从其规定，计算方法以此类推。

【例6-18】甲公司符合小型微利企业所得税优惠政策条件，2023年应纳税所得额是300万元，那么它在2023年应纳企业所得税=300×5%=15（万元）。

综上，小型微利企业年应纳税所得额不超过100万元、超过100万元但不超过300万元的部分，分别减按12.5%、25%计入应纳税所得额，按20%的税率缴纳企业所得税。今后政策如有调整，从其规定，计算方法以此类推。

【例6-19】丙企业2022年第一季度不符合小型微利企业条件，第二季度和第三季度符合小型微利企业条件，第一季度至第三季度预缴企业所得税时，相应的累计应纳税所得额分别为 20 万元、100 万元、200 万元。

丙企业在预缴 2022 年第一季度至第三季度企业所得税时，实际应纳企业所得税和减免税的计算过程如表 6-9 所示。

表 6-9　丙企业实际应纳企业所得税和减免税的计算过程

计算过程	第一季度	第二季度	第三季度
预缴时，判断是否为小型微利企业	不符合小型微利企业条件	符合小型微利企业条件	符合小型微利企业条件
应纳税所得额（累计值，万元）	20	100	200
实际应纳企业所得税（累计值，万元）	20×25%=5	100×25%×20%=5	200×25%×20%=10
本期应补（退）企业所得税（万元）	5	0 本季度应纳企业所得税为 0	10−5=5
已纳企业所得税（累计值，万元）	5	5+0=5	5+0+5=10
减免企业所得税（累计值，万元）	20×25%−5=0	100×25%−5=20	200×25%−10=40

综上，丙企业预缴 2022 年第一、二、三季度企业所得税时，分别减免企业所得税 0 元、20 万元、40 万元，分别缴纳企业所得税 5 万元、0 元、2.5 万元。

根据《国家税务总局关于小型微利企业所得税优惠政策征管问题的公告》（国家税务总局公告 2022 年第 5 号）的规定，企业预缴企业所得税时享受了小型微利企业所得税优惠政策，但在汇算清缴时发现不符合相关政策标准的，应当按照规定补缴企业所得税税款。该公告自 2022 年 1 月 1 日起施行。

【例 6-20】丁企业 2023 年在各季度预缴企业所得税时均享受了小型微利企业所得税优惠政策，分别预缴企业所得税 2.5 万元、4 万元、5 万元、3.5 万元。在年度所得税汇算清缴时发现其不符合相关政策标准（资产总额超标），全年应纳税所得额为 300 万元，企业所得税税率为 25%。那么，丁企业应补缴多少企业所得税税款？

应纳企业所得税 =300×25%=75（万元）

应补缴企业所得税 =75-2.5-4-5-3.5=60（万元）

（四）合理筹划

国家对小型微利企业的税收优惠力度很大，合理筹划有利于小型微利企业实现节税。

1. 应对从业人数超标

小型微利企业所得税优惠政策中规定的从业人数，包括与企业建立劳动关系的职工人数和企业接受的劳务派遣用工人数，不包含临时工人数。从业人数超标的应对方法包括但不限于以下几种。

（1）由于劳务派遣用工计入用工单位从业人数，因此企业可以减少劳务派遣用工人数。

（2）如企业因为业务量无法减少用工人数，可以通过劳务外包等方法将业务外包。

（3）受季节性影响较大的行业（如旅游业）可以考虑增加季节性临时用工人数，减少正式员工人数。

2. 应对资产总额超标

小型微利企业所得税优惠政策中规定资产总额不得超过 5 000 万元，资产总额具体计算公式如下。

$$季度平均值 =（季初值 + 季末值）÷ 2$$
$$全年季度平均值 = 全年各季度平均值之和 ÷ 4$$

需要注意的是，这里的指标是资产总额，而不是净资产。资产总额是包括负债的，企业可以从负债方面做相应的筹划。资产总额超标的应对方法包括但不限于以下几种。

（1）在资金允许的情况下，及时偿还应付账款。

（2）预收账款属于负债类科目，但是会使资产总额增加，可以适当减少预收账款。

（3）对于更新换代比较快的大型设备，可以将贷款购买方式改为经营租赁方式。

（4）正确运用会计政策，按规定计提减值准备。例如，检查是否有逾期三年以上且在会计上已作为损失处理的应收账款；或者逾期一年以上，单笔数额不超过五万元或者不超过企业年度收入总额万分之一的应收款项。上述款项在会计上已经作为损失处理的，可以作为坏账损失，但确认坏账损失，均应出具专项报告。检查存货及固定资产是否存在报废、毁损或变质等情况，若存在，其计税成本扣除残值及责任人赔偿后的余额，可计入资产损失，在税前扣除；如果金额较大，需要有法定资质的中介机构出具专项报告。

【例 6-21】某公司预计 2023 年年底资产总额为 5 002 万元，平均职工人数为 250 人，初步估算所得税汇算清缴时的应纳税所得额为 290 万元。

根据企业所得税法规定的小型微利企业指标要求，只有一项指标不满足，即资产总额超过 5 000 万元。如果该公司不经筹划就缴纳企业所得税，需缴纳企业所得税 72.5（290×25%）万元。

财务经理在年底盘查了公司账目，发现有一笔 10 万元的宣传费尚未支付，于是在年底前用货币资金支付并取得了相关凭证。这样该公司的资产总额降到了 5 000 万元以内，应纳税所得额为 280 万元，可以享受小型微利企业所得税优惠，应交企业所得税 =280×5%=14（万元）。

经过筹划，该企业节税 58.5（72.5-14）万元。

3. 应对应纳税所得额超标

小型微利企业所得税优惠政策中规定年度应纳税所得额不得超过 300 万元。有些企业不懂得进行纳税筹划，有时候税前利润多 0.01 元，税后利润反而大幅减少。应纳税所得额超标的纳税情况如表 6-10 所示。

表 6-10　应纳税所得额超标的纳税情况

符合小型微利企业优惠条件	不符合小型微利企业优惠条件
应纳税所得额为 300 万元	应纳税所得额为 300.01 万元
应交企业所得税 =300×5%=15（万元）	应交企业所得税 =300×25% =75（万元）
税后净利润 =300-15=285（万元）	税后净利润 =300-75=225（万元）
总结：应纳税所得额增加 0.01 万元，税后净利润减少 60 万元	

判断企业是否属于小型微利企业的一个标准是应纳税所得额，预缴税款只是暂时以实际利润额来计算，最终需要在汇算清缴时计算出全年应纳

税所得额后再重新判断企业是否属于小型微利企业。但是，如果等年底汇算清缴时再来考虑这个问题，那就错过了筹划的最佳时机。

虽然企业只有到年底才能计算出实际盈利数额，但企业可以根据实际情况做好预估，提前筹划，做到能享受的税收优惠尽量享受。如果应纳税所得额超过 300 万元，可以进行合理的税前列支。假如企业的应纳税所得额是 330 万元，如果是缺少可抵减的成本导致利润虚高，只要把成本问题解决就行了。如果企业预计利润为 330 万元，那么此时购置经营车辆，不但可以抵扣进项税额，还能进行税前列支，最后将应纳税所得额降低到 300 万元以下。如果购置车辆后预计利润还是高于 300 万元，还可以通过给员工发放福利，以及进行捐赠等降低应纳税所得额。330 万元的应纳税所得额需要缴纳 82.5 万元的企业所得税，将应纳税所得额控制在 300 万元，需要缴纳的企业所得税为 15 万元，再加上增加的 30 万元支出，企业总共可减少支出 37.5（82.5–15–30）万元。

通过事前预判以及正常的业务调整，企业可以提前规避应纳税所得额超越临界标准的问题。其实，减少应纳税所得额的方式有很多，如购进可以享受税前一次性扣除的机器设备、捐赠、发放员工全年一次性奖金等，这些方式在经过提前预判后可以组合使用，在减少企业所得税和增加的其他成本间做一个权衡。